比较视野下中国创新国际化及其增长效应研究

Research on Innovation Internationalization and Growth Effect in China under the Comparative Vision

吕 瑶 著

中国金融出版社

责任编辑：黄海清　白子彤
责任校对：孙　蕊
责任印制：张也男

图书在版编目（CIP）数据

比较视野下中国创新国际化及其增长效应研究/吕瑶著．—北京：中国金融出版社，2021.12
ISBN 978－7－5220－1336－7

Ⅰ．①比…　Ⅱ．①吕…　Ⅲ．①国家创新系统—研究—中国　Ⅳ．①F204②G322.0

中国版本图书馆 CIP 数据核字（2021）第 191410 号

比较视野下中国创新国际化及其增长效应研究
BIJIAO SHIYE XIA ZHONGGUO CHUANGXIN GUOJIHUA JIQI ZENGZHANG XIAOYING YANJIU

出版
发行　中国金融出版社

社址　北京市丰台区益泽路 2 号
市场开发部　(010)66024766，63805472，63439533（传真）
网 上 书 店　www.cfph.cn
　　　　　　(010)66024766，63372837（传真）
读者服务部　(010)66070833，62568380
邮编　100071
经销　新华书店
印刷　北京七彩京通数码快印有限公司
尺寸　169 毫米×239 毫米
印张　11
字数　188 千
版次　2021 年 12 月第 1 版
印次　2021 年 12 月第 1 次印刷
定价　40.00 元
ISBN 978－7－5220－1336－7

前　　言

伴随经济全球化发展，贸易往来日益频繁，技术贸易在各国经济贸易往来中的比重日趋增加，技术创新引领的经济发展凸显出其核心地位，在提升国家创新能力方面引入国际化变量，通过“引进来”和“走出去”的方式推进本国技术水平不断提高，对促进国家创新政策体系的构建具有重要的理论意义和现实价值。随着科技的高速持续增长和经济潜力的出现，中国已成为世界各国不可或缺的创新合作伙伴。当今中国，不论是全面深化改革，还是适应经济新常态，抑或是贯彻创新发展理念，都需要用创新思维去应对、解决前进路上的新情况、新问题。作为转型国家，许多制约自主创新能力提升的体制、机制和政策等问题尚未完善，如何处理好自主创新与对外开放的关系以及实现政府对创新国际化发展的推动作用，逐渐成为中国建设创新型国家所面临的挑战。在创新国际化发展的进程中，发达国家的技术创新及国际技术流动极大地带动了经济增长，其创新国际化发展模式也为我国提供了良好的经验借鉴。近年来，中美经贸摩擦不断显现，世界经济政治格局发生重大变化。美方试图对中国的发展进行制约，尤其是在高科技领域，如对华为5G技术的掣肘。当前，创新国际化的内涵发生变化，一个国家既需要利用创新国际化推进本国技术进步，同时也要考虑创新国际化的难度已经大幅提升，后发国家再想免费或低价获得他国创新技术已经难上加难。

本书共有六章内容。第一章绪论，阐述研究背景和意义，对前人的相关研究进行梳理，为接下来创新国际化与经济增长问题建立模型提供参考依据。第二章介绍相关理论，围绕创新投入、创新产出和国际技术流动进行分析，提出创新国际化的主要理论如新古典增长理论、技术差距理论、技术生命周期理论、技术转让相关理论。第三章分析中国创新国际化的发展演变，包括三方面内容：（1）国际金融危机前以技术引进为主要方式的创新国际化发展模式；（2）后国际金融危机时代中国创新国际化模式由技术引进向自主创新再到技术“走出去”的转变；（3）特朗普执政时期中国创新国际化发展的挑战。第四章将中国创新国际化模式与美国、日本、韩国、波兰、匈牙利、捷克进行比较，探讨中国创新国际化模式的可行路径，同时也为转型国家提供了经验借鉴。第五章建立创新国际化的增长效应模型，利用时间序列进行实证分析，采用主成分分析法将研发投入、国际技术贸易流动与创新能力三者组合成一个指标，即创新体系国际化指标，以索洛生产函数为基础，建立创新体系国际化、研发人员投入、对外直接投资、进出口贸易、固定资产投入与经济增长的回归方程，分析创新国际化对经济增长的推进或阻碍作用，并运用神经网络模型分析2008年前后变量间影响的重要程度。第六章是结论与对策建议，从加大研发投入、提升自主创新能力、加强技术流动并提高创新产出等方面提出可行性建议。

本书研究得出的主要结论如下：（1）创新国际化活动受经济发展阶段影响比较显著，创新产品在国际上的技术转移由于各国经济发展程度的差异而呈现出不同的特征；（2）经济发展程度相似的国家有着类似的创新国际化演进模式，经济发展水平越高的国家，其研发投入和技术流动越高，并且转型国家和赶超国家有向发达国家创新国际化模式演进的趋势，中国正沿着“低低”—“高低”—“高高”创新国际化模式的演进路径实现创新与发展，在一定程度上体现了中国创新国际化模式路径选择的合理性及未来的发展趋势；（3）创新国际化发展对发达国家的增长效应高于转型国家，但由于世界形势的变化，发达国家创新国际化影响经济增长的重要性逐渐减弱，对高技术产品的出口有所减少。基于此，本文提出以下建议：（1）加强科技自主研发投入经费，获取强有力的技术支撑，从提高研发投入开始，实现由“低低”向“高低”模式的转变，随后通过加强国际技术流动并提升创新协同能力，实现“高低”向“高高”模式的转变；（2）强化技术创新的专利保护，注重创新国际化发展尤其是国际技术流动，加大技术转让的法律保护，形成知识产权与专利保护，打造良好的国家竞争环境，带动技术贸易往来；（3）提高创新成果的实际应用水平，促使创新国际化与经济增长协调发展，抓住世界经济形势转变带来的机遇；（4）加大与“一带一路”沿线国家的技术创新合作力度。

目　　录

图目录

表目录

第一章　绪　　论

第一节　问题的提出

一、研究背景

习近平总书记在党的十八届五中全会上曾强调，实现“十三五”时期发展目标，必须牢固树立并切实贯彻创新、协调、绿色、开放、共享的新发展理念，这是关系我国发展全局的一场深刻变革，对于破解发展难题、增强发展动力、厚植发展优势具有重大指导意义。在新发展理念中，“创新”是方向、是钥匙，要瞄准世界科技前沿，全面提升自主创新能力，力争在基础科技领域作出大的创新、在关键核心技术领域取得大的突破。同时，“创新”居于首要位置，是引领发展的第一动力。党的十九大报告进一步明确了创新在引领经济社会发展中的重要地位，标志着创新驱动作为一项基本国策，在新时代中国发展的行程上，将发挥越来越显著的支撑作用。近年来，国家大力实施创新驱动战略，创新型国家建设取得丰硕成果：“天宫遨游”“蛟龙潜海”“天眼望星”“悟空探测”“墨子通信”等一大批重大科技成果相继问世，不断刷新中国智造的新纪录。这些超越了自己、实现了突破、代表了前沿或领先于国际的科技成果，使中国从一个长期以来在科技领域处于追赶者的角色逐渐转化为与先进国家并驾齐驱甚至在某些领域处于领跑者的角色，推动着以高铁、核电等为代表的中国制造将先进产能输送出去，促进中国经济向中高端迈进。

“十三五”期间，世界经济仍然处于复苏期，中国经济处于叠加期、转型期，有很多发展难题需要破解。目前，中美经贸摩擦尚未解决，我国加入世界贸易组织（WTO）以来中美贸易逆差上升了十几倍，中美贸易发展的不平衡是产生经贸摩擦的重要原因之一；与此同时，强制性技术转让被认为是中美经贸摩擦的又一重点问题，美国认为中国外资政策导致强制性转让技术进而使美国企业遭受很大损失，然而事实上，是市场而非政策，强制美国拿出技术来抢占中国的市场。面对发展难题，需要勇于实践，敢于创新，大胆担当。在全球化的知识经济时代，任何国家的发展都难以独善其身，仅仅将目光局限于国内资源研究已经不能满足创新驱动发展的需求。技术升级是发展中国家工业化过程中不可逾越的阶段，如何在世界形势发生变化的情况下利用全球资源提升国家在全球创新网络中的位置已经成为后发国家关注的重要议题。此外，中国与其他国家的技术贸易往来出现了新的发展趋势：一个双向和共生的贸易，突出了开放的技术创新流动。中国的制造企业一直以来都在向美国市场供应产品，通常方式是向美国的零售商销售产品，然后由零售商销售给终端消费者，但是中国最新的互联网和移动技术企业正在直接接触美国消费者。中国企业也更多地开始与新兴市场经济体进行贸易，如印度、巴西、泰国、越南等，这些国家和地区的手机使用率飞速增长比美国和欧洲的增长率更快。互联网时代，国界的障碍正在被渐渐消除，中国、美国，以及全球其他国家和地区都可以分享想法、人才和科技，一同获得成功。

二、研究意义

未来5～10年，是全球新一轮科技革命和产业变革从蓄势待发到群体迸发的关键时期。信息革命进程持续快速演进，物联网、云计算、大数据、人工智能等技术广泛渗透于经济社会各个领域，信息经济繁荣程度成为国家实力的重要标志。创新驱动的新兴产业逐渐成为推动全球经济复苏和增长的主要动力，引发国际分工和国际贸易格局重构，全球创新经济发展进入新时代。发达国家仍扮演着世界经济的领跑者角色，转型国家也逐渐成为参与全球治理的重要力量，目前已经全方位加入全球治理行列并走到前沿，而且转型国家和新兴市场经济体已成为承接发达国家产业转移的重要场所，这些国家经济增长对世界经济稳定增长乃至政治平衡，发挥了举足轻重的作用。同时，创新发展呈现出国际化发展趋势，促进一国的技术创新，进而影响其经济发展。此外，随着科技高速持续的增长和巨大市场及经济的前景，中国已成为世界各国不可或缺的创新合作伙伴。发达国家、发展中国家、国际组织都在寻求在不同层面与中国开展合作。如何进一步推动中国创新发展国际化进程，对于提升合作质量、完善合作机制具有重要的作用。随着国家创新体系相关研究的不断深入，如何适应创新发展的国际化趋势，制定合理有效的政策体系，并调整和改进国家创新体系的结构和相关制度安排，是亟须思考的问题。随着世界经济政治格局的演变，中国的国际地位和影响力不断提高。2018 年，美国国内生产总值（GDP）约为 19 万亿美元，同期中国超过 13 万亿美元，世界排名第二，而排名第三的日本 GDP 还不足 5 万亿美元。近年来，中国经济发展出现政府主导投资过多的现象，美国则出现逆全球化趋势，中美经贸摩擦不断显现，尤其是在高科技领域，如美国对华为 5G 技术的掣肘。因此，在当前世界格局演变背景下，对中国创新国际化模式的最优选择以及创新国际化发展与经济增长问题的研究具有一定的理论意义和现实价值。

三、问题的提出

在经济全球化的发展趋势下，创新驱动在国际经济贸易中发挥着愈加重要的作用，科技创新是推动国家经济增长的一股不可忽视的力量，国家创新体系成为科技政策制定的分析框架和指导工具。据文献统计，创新对于经济增长起到积极的推动作用，发达国家创新驱动对于经济增长的贡献比较突出。2017 年，国际货币基金组织（IMF）公布了全球经济 GDP 情况，美国以 195558. 74 亿美元领先世界其他国家，同时韩国仅位列全球前十五。而从技术创新方面看，彭博社 2018 全球创新指数排行榜显示，韩国连续 5 年蝉联第一，创新指数 7 个分项中有 6 个排名前五；高等教育排名的下滑使美国 6 年来首次跌出前十。但创新指数的项目中不包含技术贸易流动的指标，因此，未能反映创新发展国际化指标对经济增长的推进或阻碍作用。基于此，本书将国际技术贸易流动与研发（R&D）投入和创新能力相结合，作为创新国际化的衡量指标，以期研究创新国际化的经济增长效应，并将发达国家、赶超国家、转型国家的创新国际化路径进行比较，为中国创新国际化模式选择适合本国国情的发展路径，进一步推动中国创新发展。

同时，2000 年以前，美国希望通过全球化获得更多利益，故支持创新国际化发展，并支持高技术产品的出口，甚至对日本崛起阶段的技术模仿与侵犯也未强烈制止，因为当时的日本、韩国和中国等国家和地区很难对美国造成较大威胁。例如，当时中国的外资政策使美国进入中国市场大多是以合资方式进行的，中国市场竞争的主体不是外资企业和中国企业，而是外资企业和合资企业，如大众和中国的合资企业、通用和中国的合资企业、日本丰田和中国的合资企业竞争等，在当时的情况下，只有外资企业拿出技术甚至是核心技术，才能占领中国市场。据统计，2001 年中国乘用车的生产量仅为 7 万辆，2018 年已经达到 2700 多万辆，无论是美国、日本还是德国的汽车产业，都从中获得了极大的利益。因此，当时美国针对中国的技术转让问题并没有多加干涉。可见，技术国际流动体现的创新国际化在当时是受到发达国家的支持与认可的。但是，2008 年以来，由于受到国际金融危机的影响，世界经济政治格局发生了翻天覆地的变化，美国地位出现衰落，而中国等新兴市场经济体地位迅速崛起，使美国感受到了威胁。如今，强制性技术转让问题使中美经贸摩擦不断显现，一国既需要利用创新国际化推进本国技术进步，同时也要防备创新国际化不被他国利用，创新国际化难度大幅提升，后发国家再想免费或低价获得发达国家的创新技术变得难上加难。在近一二十年的时间里，国际技术贸易格局也发生了深刻的变化，呈现出新的特点。在经济全球化的条件下，经济要素的流动性大大加强，出现了某种“溢流”效应，资金、技术等经济要素寻找低成本、高增长的实现场所。一些发展中国家恰恰具备了必要的社会、文化或资源条件，从而成为接纳全球产业转移的合适场所。与此同时，这些国家内部也出现了社会生产和社会需求的良性互动，经济获得了内在动力，开始增长循环。因此，世界经济、政治及技术贸易格局的演变对于一国创新国际化发展究竟有何影响？后发国家在当下又该如何应对？中国创新国际化模式如何选择最优路径？本书拟就以上问题进行重点分析与研究。

第二节　文献综述

一、关于创新国际化发展研究的文献评述

（一）关于创新投入与产出的文献评述

系统的创新理论最早出现在美籍奥地利学者熊彼特（Joseph A. Schumpeter）的著作《经济发展理论》，其中最重要的贡献在于提出了创新的含义，从经济学视角研究创新活动，认为创新就是要“建立一种新的生产函数”，即

“生产要素的重新组合”，是经济发展一种“内在的因素”。自熊彼特提出创新理论后，国外学者纷纷加入对创新的研究中，但由于受到“凯恩斯革命”的理论影响，创新理论并没有受到应有的重视。从熊彼特提出创新理论至今的100多年时间里，有众多学者对创新投入和产出问题进行了大量研究，形成了许多有特色的理论。索洛（Robert M. Solow）在其《经济增长因素分析：技术进步与总生产函数》一书中，推算出1909—1949年美国制造业总产出中约有88%应归功于技术进步，索洛残差是技术进步的结果。罗杰斯（Everett M. Rogers）（1962）研究了多个有关创新扩散的案例，与休梅克（Pamela J. Shoemaker）合著出版了《创新扩散》（*Diffusion of Innovations*）一书，考察了创新扩散的进程和各种影响因素，总结出创新事物在一个社会系统中扩散的基本规律，提出了著名的创新扩散S－曲线理论。罗斯菲尔德（1997）认为，区域创新系统可以首先通过区域集群定义来界定，也就是地理上的相对集中的相互独立的企业群。区域创新系统和集群创新系统主要存在两点区别，一是前者的产业可能是比较分散的，后者主要集中于某一产业；二是从地域范围来看，前者的范围可能弹性比较大，后者的范围往往比较小。阿歇姆（Asheim T）（1998）对线性范式与网络范式的特征进行了比较，认为技术创新一般经历发明、开发、设计、中试、生产、销售等简单的线性过程，后来研究发现外部的信息交换及协调对于创新具有重要的作用，它可以有效克服单个企业技术创新时的能力局限，降低创新活动中的技术和市场不确定性。此后，创新研究的视野从单个企业内部转向企业与外部环境的联系和互动，导致网络范式的兴起。阿特金森（Robert D. Atkinson）（2014）指出传统意义上对创新的理解集中在研发投入方面，认为只有类似美国硅谷和科学实验室里的投入才算是创新，但事实上，将创新融入国家创新体系中可以发挥更大的作用。福川（2016）研究了日本国家创新体系改革前高校教育投入对产业研发投入的溢出效应，采用1983—1996年面板数据，建立生产函数，得出结论：大学研究对产业创新产生局部影响，大学与工业联合研究并没有成为大学溢出效应的重要渠道。

国内学者对创新问题的研究主要集中在创新理论在经济学中的应用，以及技术创新和产品创新方面。张钢（1998）指出，技术创新源的研究是创新理论的重要组成部分，具有重要的理论价值和现实意义，在对已有的技术创新源研究进行分析综述的基础上，提出了技术创新的动力源与信息源相结合的创新源研究框架，并论述了混合经济条件下企业技术创新的主要动力源和信息源及其相互作用机制。彭纪生等（2008）以技术创新政策为案例，在政策量化方面作出了有意义的探索性研究，并通过量化后的政策描绘出政策协同演变的路径，以及对经济绩效的影响。毛其淋和许家云（2014）利用2004—2009年企业层面微观数据，评估了对外直接投资（OFDI）对中国企业创新的影响，研究结果显示OFDI与企业创新之间存在显著的因果效应，OFDI对企业创新的促进作用具有持续性，不同类型OFDI对企业创新持续期的影响存在差异。黎文靖和郑曼妮（2016）说明选择性产业政策只激励企业策略性创新，企业为"寻扶持"而增加创新"数量"，而创新"质量"并没有显著提高，发明专利申请的增加才能提高企业的市场价值，推动技术进步和获取竞争优势的实质性创新，促进企业发展。

（二）关于国家创新体系的文献评述

国家创新体系最早由弗里曼（Christopher Freeman，1987）在20世纪80年代考察日本企业后提出，他在《技术和经济运行：来自日本的经验》一书中提出国家创新系统理论，认为国家创新系统有广义和狭义之分，前者包括国民经济中所涉及引入和扩散新产品、新过程和新系统的所有机构，而后者则是与创新活动直接相关的机构。纳尔逊（Richard R. Nelson）（1993）在《国家创新系统》一书中以美国为例，分析国家支持技术进步的一般制度结构，指出现代国家的创新系统在制度上相当复杂，既包括各种制度因素和技术行为因素，也包括致力于公共技术知识研究的大学和科研机构，以及政府部门中负责投资和规划等机构，强调技术变革的必要性和制度结构的适应性，认为科学和技术的发展过程充满不确定性，因此国家创新系统中的制度安排应当具有弹性，发展战略应该具有适应性和灵活性。Chung（2002）论述了国家创新体系的制定与实施，强调了区域创新体系是建立国家创新体系的有效工具，从创新主体角度分析了韩国国家创新体系，认为韩国国家创新体系相对薄弱，需要在中央政府的积极支持下，激活创新主体之间互动学习的政策措施，在中央与地方政府的密切合作下，进一步完善和发展国家创新体系。Godin（2009）阐述了研究国家创新体系的最终目标是创新，是政府、大学和工业部门的重要组成部分，其框架结构强调了各部门间的关系，指出影响创新体系的原因，并发展了经济合作与发展组织（OECD）提出的创新体系理论。Lengyel 和 Leydesdorff

(2011) 研究了匈牙利区域创新体系，利用熵统计来衡量匈牙利创新系统中知识探索、知识开发和组织控制的协同效应，选用高科技、中型技术公司和知识密集型服务的相关数据，以分区域（地理）、工业部门（技术）和企业规模（组织）的信息作为减少不确定性的指标，结果表明在匈牙利的西北部，外资企业和外国直接投资（FDI）是引导其知识组织转变的重要因素，而创新系统似乎是在匈牙利东南部地区根据政府开支形成的。Samara 等（2012）指出国家创新体系的重要性日益增强，也体现了一个国家的竞争优势，研究中利用了系统动力学方法创建一个 NIS 模型，将系统方法、计算机建模和仿真学科集成到 NIS 的整体动态考虑中，分析创新政策对国家创新系统绩效的影响。Aivazian 等 (2017) 探讨了关于国家创新体系的参数化问题，通过对俄罗斯联邦地区创新活动影响的定量特征分析，发现该地区创新活动结果（专利、国际专利申请和新制造技术被认为是创新活动的结果）与研究机构和商业公司的数量关系是相互依赖的，并可以利用已获得的国家和区域创新体系数据进行跨国比较。

国内学者对国家创新体系已有一定的研究，王春法（1999）阐述了 20 世纪 90 年代以来世界经济进入一个剧烈变动时期，其主体内容是由工业经济向知识经济的转变，世界经济出现了大规模的科技成果产业化趋势和经济全球化趋势，在此基础上具体分析了综合国力竞争与国家创新体系之间的关系。程惠芳等（2008）从创新投入、创新政策、创新制度、创新公共基础条件、创新主体合作程度五方面选择 15 个因素作为国家创新体系的变量，应用因子分析方法提出创新核心因子和创新环境因子，并通过回归模型对国家创新体系与企业国际竞争力的相关性进行分析，研究结果表明国家创新体系中的创新核心因子和创新环境因子与企业国际竞争力呈显著正相关。盛四辈和宋伟（2011）回顾了国家创新体系的概念和发展完善过程，借鉴前人的研究成果，构建了具有中国特色的战略群式国家创新体系，从战略群的视角分析了中国国家创新体系的发展、演进，并提出了进一步完善中国国家创新体系的政策建议。栗献忠（2014）在强调科技作用的同时，建立新兴市场国家创新评价指标体系模型，结合新兴市场国家的发展模式及特色，在大量分析研究的基础上，从中国、印度、巴西 3 个国家的创新驱动模式角度出发，针对其发展的现状、问题及未来的研究方向进行了分析。陈劲（2014）系统地研究了企业技术创新体系的演进过程，在 Rothwell 提出的五代模型基础上结合中国企业技术创新的特点，归纳总结出四代演化模型，并探讨了各代体系之间的相互联系和区别，以及在企业创新尤其是央企创新中的作用。李烨和张广海（2017）借鉴发达国家的创新发展经验，深入研究中国国家创新体系“东转西进”战略布局的问题与方案优化，提出建设代表性国家创新区，突出创新特色、提升国家创新区的综合实力。

（三）关于创新活动趋向国际化发展的文献评述

目前，对于创新国际化没有一个统一的定义，这与此概念本身也是相符合的，创新本身就是没有一个终结的过程，随着世界经济的进一步发展变化，创新发展国际化的内涵和外延也将发生新的变化。国外学者研究创新发展国际化主要从海外研发、国际技术流动和创新能力等方面着手，Verspagen（1997）指出知识溢出是经济的重要来源，在他的文章中 Griliches（1992）和 Nadiri（1993）提供的研究表明，知识溢出在国际贸易之间的重要性，其中一个渠道的溢出效应体现在货物交易，特别是在开放经济条件下，通过会议传播、科学文献、劳动力流动、专利信息或纯粹的模仿等途径实现技术转移。截至 2002 年底，有 750 篇关于创新向其他领域延伸的文献（Bo Carlsson，2003），其中关于创新的文章中有 250 余篇文章摘要和关键词中提到“国际化”“全球化”，大部分文献对创新发展国际化的研究集中在国家、区域、部门或者技术层面上国际比较；36 篇文章针对技术或创新体系的国际化进程进行分析。但是应该指出的是，大多数文献聚集企业研发投入的国际化，而仅有小部分数据支撑是关于创新体系的国际化的研究。Carlsson（2006）在《创新体系国际化：文献综述》一文中主要解决三方面内容：（1）关于创新体系国际化的实证分析；（2）企业研发投入的国际化（全球化）；（3）创新体系国际化的机制障碍。文章得出几点结论：（1）实证研究表明，截至 2005 年，创新体系国际化发展并不广泛，反而是各国创新体系的独立性不断增强；（2）从企业的研发投入方面看，不仅体现出研发活动、专利和知识产权趋向国际化，也表现出国际合作、跨国公司技术合作愈加密切；（3）创新体系国际化通过政策发挥作用，但在发展中国家的赶超阶段体现得并不显著。OECD（2009）基于科学、技术和工业领域测度指标体系的研究，先后提出了使用专利合作、国际技术平衡、专利发明的跨国所有、研究的国际合作等指标衡量创新体系国际化水平，为研究创新体系国际化指标的确定奠定了基础。Dolla（2011）研究中国和印度之间的技术贸易，指出技术贸易被视为以信息技术为基础的知识经济时代背景下各国贸易往来的重要部分，对经济发展起到至关重要的作用。Cassandra 和 Dalibor（2015）指出知识产权的加强是否会促进创新，通过 1965 年至 2005 年 94 个国家的经济复杂性指数检验创新的理论基础，得出结论，较强的知识产权体系会导致较高的经济复杂度。

国内学者对创新发展国际化的研究主要集中在跨国公司技术引进和国际技术流动方面。胡永刚（1989）分析了 20 世纪 90 年代世界技术市场的格局，并展望国际技术市场的发展趋势，提出对策建议。2007 年以前对"跨国公司研发国际化"和"国家创新系统"的研究是相互对立、相互分离的。2007 年，将二者相结合的研究开始出现。崔新健（2007）将研究外资研发中心纳入国家创新体系中，体现了外资研发中心的本质特征，即从事开放性及趋向国际化的技术创新活动，并将外资研发视作国家创新系统中的特殊内生变量，从此打破了外资流动与 R&D 投入相分离研究的局限。范红忠（2007）对有效需求规模假说、研发投入与国家自主创新能力进行研究，发现收入差距扩大降低一国研发投入规模，损害自主创新能力。从 2009 年开始，国内出现了直接研究"国家创新系统国际化"的文献。曾德明和彭盾（2009）以耗散结构理论对国家创新系统国际化的影响为基础，研究发现国家创新系统的开放性在其进化过程中的重要作用，而不能局限在某一国家，国家创新系统的国际化主要通过跨国公司的研发国际化与东道国的组织进行产品和信息的交换。何爽（2011）概括了国家创新体系及创新体系国际化的概念、构成、分析方法及动力学模型设计。关于创新体系国际化模式的文章大部分源于国内文献，主要集中在管理学方向的研究。刘云等（2014）系统性地阐述了我国国家创新体系国际化相关政策概念、分类和演进阶段，收集、整理和挖掘各阶段创新国际化的政策，如 Porter（1990）指出创新不是一个封闭系统，其运转受到国家间相互作用的影响；OECD（1999）指出国家创新体系之间的相互依赖在不断增加；Lemola（2002）阐述了国际化必须在作为整体的创新系统水平上进行；顾淑林（1991）指出中国创新应充分利用国际创新资源，增强知识的国际流动；Carlsson（2003、2006）指出影响创新国际化的因素包括技术、制度、政策、地理空间等；柳卸林（2006）提出外商直接投资、政府的科技投资和教育支出是推动中国技术创新最重要的驱动力，但区域差异显著；曾德明和彭盾（2009）指出国家创新不能局限在一国边界之内，开放性是国家创新在选择与进化过程中的基本特征。刘云等（2015）系统地梳理了国家创新体系及其国际化的相关理论研究进展，提出国家创新体系国际化“要素—制度—功能—阶段”四维分析模型，对 21 个国家的国家创新体系国际化综合水平进行了实证评价并得出结论，美国国家创新体系国际化综合水平得分最高，中国的得分在所有发达国家之后，但领先于其他发展中国家；中国与发达国家之间的差距主要体现在制度维度，并从 3 个维度提出了中国创新体系国际化发展的改进建议。

（四）关于创新国际化模式研究的文献评述

Hogselius（2005）以爱沙尼亚为例，从 4 个历史阶段分析了东欧创新活动的不断发展，第一阶段为 1855—1985 年爱沙尼亚电信业的起源，第二阶段为 1985—1993 年爱沙尼亚重新定位，第三阶段为 1993—1998 年模仿与实验，第四阶段为 1998—2004 年创新大爆炸。本书研究得出东欧创新模式的特征，强调了影响东欧创新模式的重要推动力，比较了东欧国家的企业研发投入和知识产权，重点从移动定位、移动电信服务、移动银行，以及移动网络等方面分析了 1998—2004 年的创新大爆炸。Carlsson（2006）在《创新体系国际化：文献综述》一文中提出创新国际化模式与机制障碍，强调知识产权保护的重要作用，以及创新政策对创新国际化模式的影响；Minina 和 Gammeltoft（2012）分析了中国企业在欧洲的研发投资，以技术探索和技术开发作为投资动机、研发投资的区位战略和海外研发投资的动力，分析发达经济体与新兴经济体跨国公司研发国际化进程，以及创新国际化发展模式的差异。Howell（2018）采用了一个结构框架来研究中国企业自主创新对其绩效的影响及创新模式的类型。研究发现，在创新的后期阶段，学习溢出效应会正向增加企业的创新产出，特别是对于高吸收能力的公司而言，效应更加明显。

国内学者许庆瑞和谢章澍（2004）在创新理论的基础上，通过考察中兴通讯 17 年创新与发展历程，从理论和实证角度分析了企业创新协同，提出创新协同的技术创新主导型、制度创新主导型、技术创新与制度创新共同主导型三种模式，并构建了相应的创新协同演化模型。陈汉梅（2011）指出国际技术流动作为技术转移的重要模式之一，对于发展中国家来说仍存在一些问题，如陷入“引进→落后→再引进”的怪圈中，并针对发展中国家技术转移提出对策建议，如改变观念、突出个性化发展等，发展中国家不能局限于利用技术转让，还要不断地再创新。孙玉涛和苏敬勤（2012）采用二维矩阵法，分析G7国家技术创新体系的国际化模式演化路径，以研发强度、国际技术流动和创新能力作为衡量创新体系国际化的研究变量，分析G7国家创新体系国际化模式的路径，得出中国技术创新体系趋于国际化发展适合选择的路径。杜红平等（2015）根据创新国际化的主体和对象的不同，把跨国企业进行创新国际化活动的模式划分为传统型、追赶型、现代型和扩张型四类，并分别概括了这四类创新国际化模式的动机。孙玉涛等（2015）探讨了G7国家本土研发努力和国际技术流动的组合模式演化路径，以及对国家创新和经济发展的作用，围绕“引进—自主研发—流出”得出具体组合模式和演化路径。刘云等（2015）以全球创新资源整合能力为标准，将创新国际化模式分为依附型、追赶型和自主型，并归纳三种模式的总体特征。王元地和杜红平（2015）根据已有创新国际化文献，从四方面归纳总结了创新国际化的内容（见表1－1），其中将创新国际化模式作为创新国际化测量结果表征的衡量标准。

表1－1　　　　关于创新国际化的测度

四个层面	具体测量内容
创新活动参与主体	国家、产业、企业与高校、政府、项目与个人
测量创新国际化的数据类型	海外研发费用、科技人员数量、海外销售占比、专利统计数据
基于专利信息的测量方法	共同发明信息、共同受让信息、共同发明和共同申请信息
创新国际化测量结果表征	创新国际化程度、创新国际化模式

二、关于创新国际化与经济增长的文献评述

（一）关于创新与经济增长的文献评述

对于经济增长的研究最早源于1776年亚当·斯密的《国富论》，书中提出专业分工，从而提高生产效率，使资本不断累积，促进经济增长，形成古典经济增长理论。到了20世纪40年代，现代经济增长理论逐渐形成，认为经济增长率与经济体的储蓄率与资本—产出比率及技术进步等有密切联系，典型代表人物有哈罗德（R. Harrod）、多马（E. Domar）、索罗（Robert Solow）、拉姆齐（F. Ramsey）、阿罗（Kenneth Arrow）、罗默（M. Romer）、卢卡斯

（Robert E. Lucas）等，通过不断采用标准化、主流化的研究方法，形成对经济增长问题的系统研究成果。2000 年以来，国外学者对创新的研究大多集中在对各国经济增长的推动方面。Yim 和 Wang（2005）分析了韩国国家创新体系对经济增长的推动作用，认为政府研究机构在国家创新系统中发挥着非常重要的作用，特别是在缺乏科技资源的发展中国家。Johnson（2008）指出创新体系对一国经济发展的重要性，对于一个国家或地区，制度创新、政策创新与科技创新对促进经济增长发挥着同样重要的作用。Fagerberg 等（2009）阐述了创新对经济发展的重要性，认为研发密集型企业是创新活动开展的重要途径，与科技领域密切相关，并指出创新不仅是高科技描绘的图片，而是尝试新方法，改进新产品的经济活动，同时，文中实证分析了欧洲、美洲、亚洲和非洲国家创新活动与经济增长的相关关系，得出创新与经济增长正相关，并且经济较发达的大部分欧洲和美洲国家创新带动经济增长的程度明显要高于非洲和部分亚洲国家。Mihai 和 Emilia（2014）指出创新是带动经济增长的重要因素，创新离不开高质量的教育水平和人力资源，全球创新指数是衡量创新绩效的手段，可以为经济增长提供创新政策，通过在研究中分析全球创新指数与人类发展指数、教育指数和失业指数的相关关系，指出在经济全球化的市场竞争中，无论是宏观层面还是微观层面，创新都是竞争的灵魂，而创新政策是建立在教育体系基础上的，一个国家高品质的生活源于教育、研究和创新。Fagerberg（2016）探讨了一国的创新政策对创新活动的影响，利用创新系统的最新发展理论，制定分析创新政策的综合框架，论证创新政策对推动经济增长的重要影响。Dos Santos（2016）在研究中阐述了国家创新体系受到区域因素的影响，如地理分布，证明了发达国家的技术创新对经济增长的促进作用比发展中国家甚至是发展中国家的发达地区要更显著。

国内学者殷晓红（2004）指出没有根据国家经济技术水平的提高而及时地进行角色转换的东亚地区国家创新系统的制度失效是导致东亚经济危机的本质原因，从赶超陷阱、东亚地区在由产业技术向基础研究和应用研究转变过程中面临的科学技术知识积累不足两方面来理解国家创新系统的制度失效与东亚经济危机之间的内在机制。余泳泽（2011）运用空间面板计量方法研究了创新要素集聚、政府支持与科技创新效率之间的关系，指出我国科技创新效率具有明显的空间相关性，政府需要通过对人力资本的知识和健康投资，提高人力资本的质量，才能实现更快的创新产出和经济增长。李军军和周利梅（2012）认为创新驱动是提升一国竞争力和经济增长的重要因素，将创新基础、创新环境、创新投入、创新产出和创新潜力引入国家创新竞争力与经济增长所构建的模型，剖析创新竞争和经济增长的关系，表明部分发达国家已经进入创新驱动阶段，新兴市场国家基本处于要素驱动或投资驱动阶段。唐未兵等（2014）利用我国1996—2011年28个省（自治区、直辖市）数据，运用动态面板广义矩（GMM）进行估计发现：技术创新与经济增长集约化水平负相关，外资技术溢出和模仿效应有利于经济增长集约化水平的提升，在进一步的扩大对外开放中，要继续坚持通过利用外资引进技术的战略，强化对引进技术的消化吸收，加大技术创新和人才培养力度，提升技术创新能力。刘耀彬等（2017）利用中国31个省（自治区、直辖市）2000—2014年数据，采用面板门槛回归模型，实证检验研发投入与经济增长之间的关系，认为理论上研发投入对经济增长的贡献存在依赖条件，中国省级层面的人力资本随着门槛变化形成等级，且人力资本属于高等水平的省市数量较少，人力资本属于低等水平的省份数量逐年减少，大部分地区人力资本处于中等及以下水平，只有少数地区人力资本达到高等水平。

（二）关于跨国公司技术转移和溢出与经济增长的文献评述

国外学者很早就对创新与经济增长关系问题进行研究，而对于创新发展国际化与经济增长关系的研究出现在20世纪末，大多集中在跨国公司技术转移和国际技术溢出等方面与经济增长的关系，Silverberg和Verspagen（1994）认为随着时间的推移，经济现象会通过一定的行为规律表现出来，提出内生技术变化与经济增长关系的演化模型（模型中必须明确跨国企业研发投入的投资预算比例），描述了跨国公司引入新技术的经济规则，分析了在经济发展的影响下创新行为的变化。Kinoshita（2001）研究了研发（吸收和学习能力的创新和发展）和外国直接投资技术溢出对企业生产率增长的影响，对捷克制造业企业1995—1998年数据作面板数据分析，发现寡头垄断行业（电气机械及广播电视）的技术外溢程度高于非垄断行业（食品、非金属矿物等制造）。Zhu和Jeon（2007）研究国际研发溢出的3个渠道：贸易、外国直接投资和信息技术，发现双边贸易仍然是国际研发溢出的重要渠道，虽然双边外国直接投资与国际研发溢出正相关，但它们对生产率增长的影响相对较小，并且信息技术的发展对国际研发溢出和生产率增长起到了越来越重要的作用。Courvisanos（2008）在著作中指出研发支出构成了所有发达经济体中大型企业实现创新的基础，成功的创新研发可以提供高回报率的经济发展，加速国家间的技术流动。Tarek（2015）以突尼斯为例，从横纵两方面分析产业内和行业间研发溢出对差异产品贸易流动的影响，进而分析贸易格局，结果表明，国内技术创新和国内研发溢出对国际贸易格局有显著的正向影响，因此这些变量对差异产品的产业内贸易有积极作用。

国内学者姜照华（2003）讨论以生产函数法为基础的新增长理论，建立经济增长模型，并利用新模型对美国1991—2000年的经济增长因素进行分析，包括知识进步、制度创新等因素对经济增长的影响，以检验新模型的科学性和适用性，最后讨论新模型的几个特点。王兵和颜鹏飞（2007）运用当期DEA和序列DEA两种方法测度了1960—2004年亚太经济合作组织（APEC）17个成员国家和地区的技术效率、技术进步及曼奎斯特生产率指数，并且对APEC经济增长的趋同效应进行了实证检验，得出20世纪80年代东亚地区经济增长高于APEC其他地区，但低于发达国家水平，并且资本积累是趋同最重要的源泉，而技术进步则使经济增长发散。冯鹏程（2009）认为跨国公司研发国际化的实质是在世界范围内配置研发资源，中国的研发中心处于整体“技术研发链”的低端，如果单纯依靠跨国公司研发国际化不可能实现中国高新技术产业发展并打造国家创新系统，只有依靠自主创新才是最终出路。王劲峰等（2011）在2011年将戴维·N．韦尔著作《经济增长》（*Economic Growth*）翻译成中文教程，从要素积累、生产率和基础要素三方面介绍了物质资本、人口与经济增长、人力资本、技术在经济增长中的作用、技术前沿、开放经济的增长，以及政府如何影响经济增长等内容，阐述了经济增长的本质与理论基础。任志成（2012）探讨了新兴市场国家智力回流与战略性新兴产业成长，分析中国、印度等新兴市场国家良好的经济发展形势，指出国际智力回流与技术扩散的主要渠道，针对新兴市场国家智力回流提供可行性政策建议与启示。田娜（2012）利用增长会计法和Malmquist指数法对中国和韩国的经济增长因素进行了分析，研究发现中国与韩国的经济增长开始走向依靠技术进步和创新发展的道路。靳巧花和严太华（2017）选取2003—2013年数据，以知识产权保护为门槛变量，建立动态面板门槛回归模型，实证分析了对外贸易、外国直接投资、对外直接投资等国际技术溢出渠道对区域创新能力影响的知识产权保护门限效应，进而分析对经济增长的技术溢出效应。结果表明，对外贸易、外国直接投资、对外直接投资对国内区域创新能力的影响显著存在知识产权保护门限效应，并对经济增长产生积极影响。

（三）关于技术贸易流动与经济增长的文献评述

关于技术贸易流动的界定，OECD 指出技术国际平衡包括技术贸易（专利转让、非专利发明的转让、专利许可证、公开诀窍）、商标（设计、图样）的交易（销售、许可证、特许权）、带有技术内容的服务等内容，能够全面地衡量创新体系国际化，其中，技术国际平衡具体包括技术国际支出和技术国际收入 2 个指标，运用专利合作衡量技术贸易流动，可以体现创新活动的国际化过程，但是难以衡量东道国和母国在合作中的主次关系。Narula 和 Zanfei（2003）研究了 20 世纪 60 年代以来技术赶超对各国生产率增长的重要影响，并用回归模型检验了一国吸收能力的新指标，结果表明吸收能力是经济增长中不可忽视的因素，而且具有机械工程和科学专业留学生数量较多的国家，技术赶超越明显，其赶超后经济增长动力越强。Baskaran 和 Muchie（2008）以巴西为例，分析了外商直接投资、研发投入国际化与经济增长的关系，指出新兴市场国家和欠发达经济体的吸收能力相对较弱，利用外商直接投资可以有效的提升国民经济增长，并且得出结论认为，研发投入国际化是推动全球经济增长的重要力量。Yuan（2012）基于 335 个法国中小企业作为样本，采用实证分析方法，论证中小企业技术拨款与企业成长之间具有较强的相互依存关系，技术资源是创新与国际化活动的共同驱动力，同时还指出创新与国际化越来越成为一国或一个企业基本的竞争战略，是推动一国经济增长的重要力量。Malerba 等（2013）分析了 1980—2000 年工业化国家六大领域以及部门创新活动中的研发溢出效应，采用欧洲专利局申请专利数据测度国际技术领域的知识流动，建立面板数据模型，结果发现横向溢出对创新活动起到关键作用，虽然国内研发已经超过国际研发，但国际研发溢出效应是国内溢出效应的 2. 4 倍。Gozali1 等（2017）探讨印度尼西亚经济发展问题，指出失业仍是其政府增加福利的主要障碍，并分析了创业、创新与经济增长的关系。

国内学者童书兴在 1992 年分析了国际技术流动的不平衡发展趋势及影响，

指出不论是工业发达国家还是发展中国家都存在国际技术流动的不平衡性，工业发达国家技术流动的不平衡易导致贸易保护主义倾向，同时也刺激相对后进的国家追赶发展迅速的国家，而且技术流入增长缓慢对发展中国家的经济增长尤其不利。王治超（1990）对钱纳里（H. Chenery）的著作《工业化和经济增长的比较研究》进行评述，论证了经济增长与结构转换的关系，指出发展中国家要素市场的非均衡现象表现突出，结构转变的速度和余地较大，而在政府与市场对经济作用的影响方面，认为市场引导更加重要，作用更加显著。隋映辉（1998）依据中国知识经济发展面临的问题与世界经济增长方式的转变，分析了科技进步所形成的知识经济在经济增长中的作用和影响，阐释了知识经济作为推动经济增长方式转变新要素的重要地位，并对面向知识经济时代经济增长结构的战略性调整等问题进行了探讨。2000 年以来，关于国际技术贸易的书籍文献越来越多。王玉清（2002）在书中指出国际技术贸易是指不同国家的企业、经济组织或个人之间，按照一般商业条件，向对方出售或从对方购买软件技术使用权的一种国际贸易行为，由技术出口和技术引进两方面组成。蒋雪根等（2008）利用 1988—1999 年的统计数据，对发达国家意大利、法国、日本、德国和加拿大的技术国际收支差额（收支差额/技术收入）进行回归，结果显示：国际技术流动的发展走势呈非线性，即全球化趋势较弱，同时，收支变化平缓表明扩散和创新同样重要，技术创新是技术转移的重要来源。胡树华等（2011）建立专利授权量与经济增长的回归分析函数，研究发现，实用新型专利对 GDP 的贡献度最大，发明专利对 GDP 的贡献度略高于外观设计专利的贡献度，作者从不同专利的自身特点与我国经济发展的阶段特点探讨了原因。张英（2013）首次从发明人身份的角度，分析了职务发明、非职务发明对经济增长的作用，以及职务发明四种发明人（大专院校、科研院所、工矿企业和机关团体）中的专利对经济增长的促进作用，开辟了对专利与经济增长关系研究的全新视角。李黎明和陈明媛（2017）利用专利案件数量与专利授权数量构建反映司法保护和行政保护的指标，全面刻画我国的专利保护强度，并借助模糊优选法从投入和产出两个维度设计指标，筛选专利密集型产业，对中美专利制度进行比较，最终分析中美专利制度对产业经济增长的影响。

三、对文献的综合评述

对于创新国际化问题的研究从贸易研究开始。2000 年以后随着实证分析方法的普遍运用，大部分文章采用实证计量模型分析经济增长与其影响因素的关系。2007 年以前，关于创新国际化的研究主要从跨国公司技术流动和国家创新体系中研发国际化两方面分别入手，2007 年开始才将二者相结合，2009 年出现创新体系国际化概念，并直接使用这一名称。对于创新国际化发展的研究，近年来国内文献较多，学者们多从贸易互补性、贸易潜力等方面着手，分析国家间双边贸易及贸易便利化等问题；对于国际技术流动和创新能力研究的文献较早，国内外学者大多围绕国外直接投资、技术溢出和创新进行论证，有的研究工业化发达国家的技术溢出效应在国际贸易中发挥重要的作用，有的研究 G7 国家技术流动与创新能力的模式及路径，也有学者对工业化初期发展中国家的技术溢出和贸易格局进行研究，但围绕创新国际化与经济增长的文献相对有限，将中国创新发展国际化与经济增长问题相联系，并与发达国家和赶超国家进行比较分析的文献，更是少之甚少，这在一定程度上体现了本书的创新性。本书以 OECD 提出的技术贸易流动标准为参考依据，衡量创新国际化指标，选取国际技术贸易作为国际技术流动的指标，采用研发投入、国际技术流动及创新能力衡量国家创新国际化，分析发达国家、赶超国家和转型国家的技术流动组合模式和创新路径，运用主成分分析法建立创新国际化与经济增长的回归模型及神经网络模型，得出世界格局演变背景下中国创新国际化对经济增长的贡献，进而得出中国创新发展的启示，以及创新国际化模式的发展路径和对策建议。

第三节　结构安排

一、基本内容

本书在创新投入与创新产出理论分析基础上，对创新国际化指标进行界定，介绍了创新国际化发展模式，比较分析了发达国家、赶超国家和转型国家创新发展国际化趋势，建立“研发强度—国际技术流动—创新能力”组合模式及路径模型，系统地分析中国创新国际化发展模式，并借鉴发达国家和赶超国家创新国际化发展模式的成功经验，进而将创新国际化与经济增长问题相结合，分析发达国家、赶超国家和转型国家创新国际化对经济增长的贡献度，建立时间序列模型和神经网络模型进行实证分析，提出中国在提升创新能力以及创新国际化发展趋势方面的政策支持，在此基础上找到适合中国国情的创新国际化模式发展路径。具体包括以下六部分：

第一部分绪论，阐述本书的研究背景和意义，并对前人的相关研究进行梳理。本书从两方面对文献作了述评。一方面，整理创新、国家创新体系及创新国际化发展的相关文献，最终确定本书研究创新国际化所采用的衡量指标；另一方面，对创新国际化与经济增长的关系进行文献梳理，从不同国家的创新投入与经济增长、跨国公司技术转移和专利技术等与经济增长关系方面归纳整理，得出创新国际化发展离不开技术贸易在国际间的流动，为接下来创新国际化与经济增长问题建立回归模型提供参考依据，并奠定理论基础。

第二部分介绍论文的相关理论，围绕创新投入、创新产出和国际技术流动进行分析。随着全球经济一体化发展，技术贸易流动愈加频繁，技术贸易的流动有助于推进创新投入和产出，而创新投入和产出也能够加大技术贸易流动；创新投入和产出促进经济增长，经济增长反之也有助于加大研发投入和教育投入等，影响着创新投入和产出；经济增长和技术贸易流动也体现出相互推进、相互影响的双向效应；此外，提出创新国际化的主要理论，如新古典增长理论、技术差距理论、技术生命周期理论、技术转让相关理论，以及发展模式的路径演变。

第三部分阐述中国创新国际化的发展演变，研究不同时期中国创新国际化发展模式的差异。首先，介绍中国创新国际化的制度环境，为分析创新国际化的发展演进作背景铺垫。其次，探讨国际金融危机前以技术引进为主要方式的创新国际化发展模式，探讨中国通过跨国公司形成的技术流入对创新发展的重要影响，以及创新投入推动创新绩效的快速增长。再次，分析后金融危机时代中国创新国际化模式由技术引进到自主创新再到技术“走出去”的转变，主要分析技术引进、自主研发与海外研发和高技术产品或服务出口三方面内容，考核创新活动走向世界的国际化发展现状，总结中国创新国际化发展模式的路径演变。最后，分析特朗普执政时期创新国际化发展的挑战。

第四部分将中国创新国际化发展与其他国家进行比较。首先阐述创新国际化发展的国际背景，分析发达国家美国，赶超国家日本、韩国和转型国家波兰、匈牙利、捷克创新国际化发展特征及模式。其次从跨国公司间的技术流动、国家和企业的研发投入、高校的教育投入、高技能人才的就业、政府对创新政策的支持力度、创新能力即创新产出，以及国际技术贸易流动等方面，将中国与美国、日本、韩国、波兰、匈牙利、捷克等国家创新发展国际化模式进行比较，找到中国创新国际化模式的可行路径，同时也为转型国家提供了经验借鉴。通过比较发现，2000 年以前美国创新国际化程度最高，且远远超出其他国家水平；到了 2008 年，美国创新国际化发展缓慢，日本、韩国和中国加速了创新国际化发展速度，美国的高技术出口出现下降，而中国和转型国家高技术出口额有所增强。

第五部分建立创新国际化的增长效应模型，利用时间序列进行实证分析，采用主成分分析法将研发投入、国际技术贸易流动与创新能力三方面组合成一个指标，即创新国际化指标，以索洛生产函数为基础，建立创新国际化、研发人员投入、对外直接投资、进出口贸易、固定资产投入与经济增长的回归方程，分析创新国际化对经济增长的推进或阻碍作用，并通过与发达国家、赶超国家和转型国家的比较，进一步确定中国创新国际化发展路径。此外，在本部分还将研究经济增长和创新发展阶段的关系，分析创新活动走向国际化处于经济增长的哪一阶段。在此基础上，运用神经网络模型分析解释变量对被解释变量的影响程度，进一步探讨世界形势不断变化如何影响创新国际化对经济增长的重要性。

第六部分是结论与对策建议。主要结论包括以下三方面：（1）创新产品在国际间的技术转移由于各国经济发展程度的差异而呈现不同的特征；（2）经济发展程度相似的国家有着类似的创新国际化演进模式，经济发展水平越高的国家，其研发投入和技术流动越高，并且转型国家和赶超国家有向发达国家创新国际化模式演进的趋势，中国正沿着“低低”—“高低”—“高高”的创新国际化模式演进路径实现创新与发展；（3）创新国际化发展对发达国家的增长效应高于转型国家，但由于世界形势的变化，发达国家创新国际化影响经济增长的重要性逐渐减弱，对高技术产品的出口有所减少。基于此，从加大研发投入、加强技术流动并提高创新产出等方面提出可行性建议，如由技术引进方式转向自主研发再到技术“走出去”，由政府主导核心领域技术创新向市场化、企业化转变，加大与“一带一路”沿线国家技术创新合作等，并通过与多国创新国际化模式的比较，总结归纳中国创新国际化模式的最优选择。

二、研究思路框架

本书研究比较视野下中国创新国际化及其增长效应，主要思路构架包括四

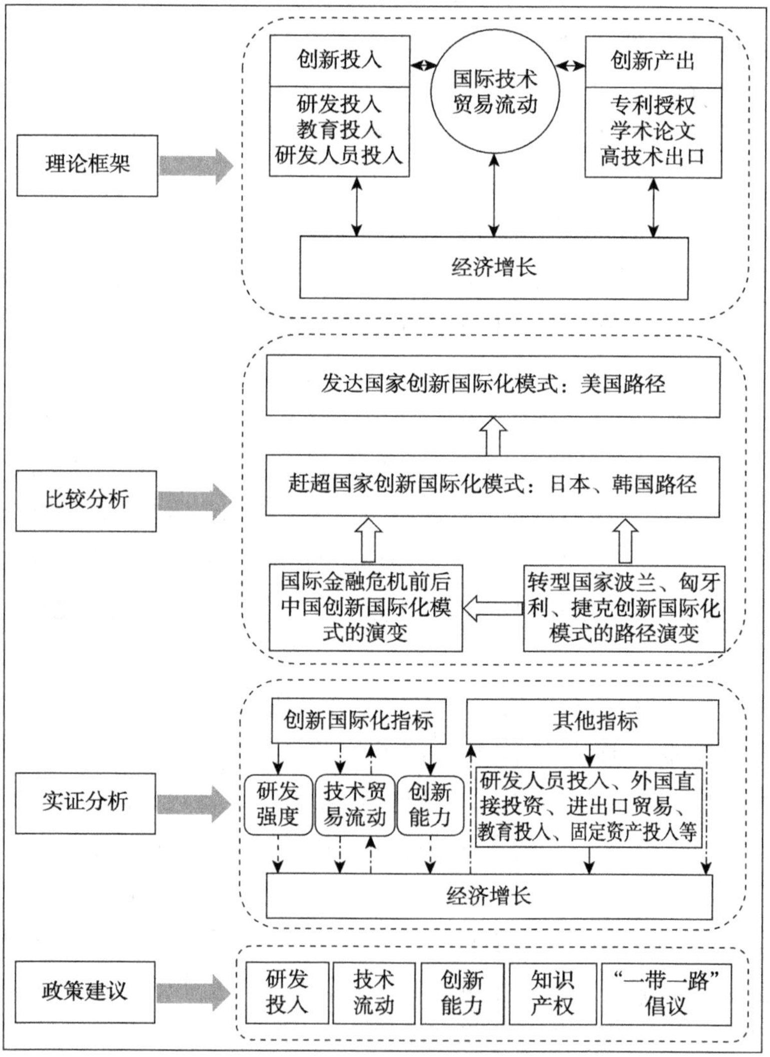

图 1-1　研究思路框架

部分。首先，理论框架是研究基础，分析创新投入、创新产出和国际技术流动之间的关系，以及三者与经济增长之间的互动关系。其次，比较分析是定性分析部分，将发达国家、赶超国家、转型国家创新国际化发展路径进行比较，得出中国创新国际化的可行性发展路径，并为转型国家提供经验借鉴。再次，实证分析是定量分析部分，采用主成分分析法将研发投入、国际技术流动和创新产出合成一个指标，即创新国际化指标，并基于索洛生产函数建立创新国际化指标、研发投入人员、对外直接投资、进出口贸易、固定资产投入等与经济增长的方程，进行回归分析，得出创新国际化对经济增长的贡献度，并运用神经网络模型分析 2008 年前后变量间相互影响的重要程度。最后，对策建议部分，从加大研发投入、加强技术流动并提高创新产出等方面，宏观与微观相结合，提出适宜中国创新国际化发展的思路建议。具体研究思路如图 1 - 1 所示。

第四节 研究方法

本书在写作过程中主要采用了以下研究方法：

第一，历史分析法，是对理论和事件进行客观陈述与梳理的研究方法。本书通过对美国、日本、韩国、中国、波兰、匈牙利、捷克研发投入和技术贸易流动的梳理得出发达国家、赶超国家和转型国家创新国际化路径的演变发展规律，是分析中国创新国际化与经济增长的基础。

第二，比较分析法，是将相类似的事物之间进行比较进而得出结论的研究方法。本书主要研究中国创新国际化模式及创新国际化与经济增长问题，然而是在与美国、日本、韩国、波兰、匈牙利、捷克等国家的比较视野下进行研究的，即将发达国家、赶超国家和转型国家创新国际化路径进行比较分析，得出中国创新国际化发展的可行性路径，并归纳总结发展规律，有助于分析创新国际化对经济增长的贡献。同时，本书也将中国创新国际化的发展进行了不同时点和时期的比较。

第三，实证分析法，以索洛模型为基础建立生产函数，利用发达国家、赶超国家和转型国家 1996—2016 年数据建立时间序列模型，分析创新国际化指标（研发投入、国际技术流动和创新能力组合指标）、研发投入人员、对外直接投资、进出口贸易、固定资产投资与经济增长的相关关系，进而得出创新国际化对经济增长的贡献；运用神经网络模型分析变量间相互影响的重要程度。

第四，政治经济分析法，本书主要围绕中国创新国际化与经济发展问题进行研究，以经济分析为主，同时认为创新政策的提出离不开有效合理的政府干预，政策与经济相结合，可以更深入地剖析创新国际化与经济增长问题。

第五节　创新之处

首先，国内外学者对创新活动已有一定的研究，但对创新国际化问题的研究相对不多，尤其是将发达国家、赶超国家和转型国家创新国际化进行比较的文献更是少见。本书通过分析发达国家创新的成熟路径和赶超国家创新的成功经历，为中国创新国际化的发展路径提供参考，也可以为转型国家提供创新国际化发展的经验借鉴；同时，世界经济政治格局的演变对各国创新国际化发展产生重大影响，分析世界形势变化下创新国际化对经济发展的影响程度，是本书的创新之一。

其次，对于经济增长的研究虽然不是新问题，但分析创新国际化与经济增长问题相对较少。创新国际化与经济增长都很抽象，本书试图用量化指标解释创新国际化与经济增长的关系，以及经济增长处于哪个阶段时更适合创新走向国际化，可以从多方面、新视角研究中国和转型国家的经济发展问题，在一定程度上体现了本书的创新之处。

最后，在实证分析中参考已有文献创建生产函数，在索洛模型基础上引入新的变量：国际技术收入和国际技术支出，用主成分分析法将研发投入、技术贸易流入、技术贸易流出、创新能力相结合，形成创新国际化指标，分析投入和产出的关系，进而得出创新国际化对经济增长的贡献；同时，进一步运用神经网络模型分析 2008 年前后各变量间影响的程度，说明世界形势变化对创新国际化的影响也发生微妙变化，是本书的又一创新。

第二章　创新国际化的分析构架及理论基础

第一节　创新国际化指标的构建

创新早已被认为是推动经济长期稳定发展的重要驱动因素，也被认为是发展中国家实现工业化、赶超发达国家的一个关键因素。伴随着创新活动由封闭转向开放，企业的自主创新也逐渐放开，在国内市场和国际市场发挥了越来越重要的作用。目前，对创新国际化的研究界定尚未有统一的说法。从国际化程度研究方面来看，Niosi 和 Bellon（1994、1996）采用跨国公司的国际研发投入、国际战略联盟数、国际技术转移收入、国际技术贸易量和国际技术人员流动五方面指标，比较了美国、日本和欧洲主要国家的创新体系国际化程度；OECD（2009）提出用专利合作、国际技术平衡表、专利发明的跨国所有、研究的国际合作等指标衡量创新国际化水平。从分析框架研究来看，刘云等（2010）指出创新国际化主要包括创新制度和组织网络的国际化、创新资源流动和配置的国际化、创新主体互动和创新活动的国际化三方面内容，并提出

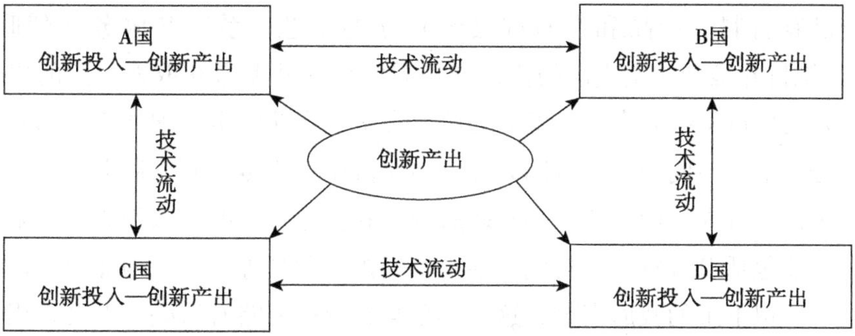

图 2 – 1　创新投入、国际技术流动与创新产出的关系

"功能—阶段"模型；孙玉涛和苏敬勤（2012）通过研发强度、技术流动和创新能力指标建立了国际化模式分析框架。本书根据熊彼特最早提出的创新理论并结合既有研究，在创新投入和创新产出基础上，加入国际化变量，采用创新投入、创新产出与国际技术流动的组合体现创新发展的国际化。本书的创新国际化主要指的是技术创新层面的国际化发展。技术创新意味着制造新知识，并进一步挖掘利用已有的知识储备，在国际合作密切往来的背景下，一国的技术创新也涉及本土化知识创造和传播的问题（李根，2016）。

一、创新投入

根据投入产出理论，研究创新国际化首先从创新投入开始。创新投入，顾名思义，是将与创新相关的要素引入生产中，诸多学者和研究机构最常用到的衡量指标是研发支出投入、研发人员投入，以及教育投入（Fan，2018；乌利齐·施莫河，2011）。

（一）研发支出投入

研发支出是衡量创新绩效的最主要指标，也是影响国家或企业发展的重要因素之一，它可以作为一国创新投入程度的关键指标。OECD将研发行为归纳为三种：基础研究、应用研究和试验开发。其中，基础研究是指实验或理论工作主要为了获得一个基于现象与观测事实基础的新知识，并没有任何特定的实践应用或计划用途；应用研究也是为获取新知识，但其直接目的是一个特定的实用目的或目标；试验开发则是一个系统工程，从研究和实际经验获得的知识，针对新的材料、产品和设备的生成，去建立新的工艺、系统和服务，或大幅改善已有材料、产品和设备或已经建立的工艺、系统和服务（傅晓岚，2017）。维持并推动研发支出的快速增长需要从各种渠道获取强有力的资金支持，研发支出可根据其资金来源分为政府资金、企业资金、国外资金和其他资金四部分。根据不同国情，各国研发支出所占比例不尽相同，通常政府资金和企业资金占比较大，国外资金相对政府资金和企业资金的投入仍非常有限，其他资金可能包括自筹资金，特别是独立研究机构和高等教育机构部门，以及之前年度所遗留下来的政府资金，这一部分与教育投入略有重叠。本书采用研发强度体现一国创新投入和研发水平的高低，选用研发支出占国内生产总值的比重来衡量研发强度（RD），研发支出是指系统性创新工作的经常支出和资本支出（国家和私人），其目的在于提升知识水平，包括人文、文化、社会知识，并将知识用于新的应用。

（二）研发人员投入

和研发支出一样，研发人员投入数量也是一国创新潜力的重要衡量指标。人力资源和资本资源同样重要，都是创新储备的重要组成部分。研发人员包括直接参与研究和开发活动的所有工作人员，以及提供研发服务的人员，如研发经理、行政人员和文职工作人员（OECD，2002）等。研发人员通常负责有关部门编定中长期科研计划、新产品发展计划等，组织各项新产品的研究开发与设计，开展对新产品开发和引进技术的测试及试验研究，广泛收集各类信息，包括新材料、工艺、产品、设备、新产品市场信息等，保证新产品的技术水平，提高公司经济效益。可见，研发人员在技术创新中发挥着不可或缺的作用，知识型经济的成功转型需要大量研发人员投入并展开大规模的研发活动。在国际化背景下，仅仅分析国内研发人员投入已不能全面反映一个国家或地区创新发展的程度，还需要考虑海外机构的研发人员投入数量，同时，高科技领域研发人员的投入也是知识经济发展进程中衡量创新发展的重要因素。

（三）教育投入

教育投入（刘道兴，2011）是社会和个人直接、间接投入教育领域的人力和物力的货币表现。教育活动的进行必须以一定的人力和物力为前提，在商品货币关系存在的条件下，这种人力和物力投入一般采取货币形式，表现为财力，包括：（1）社会直接投资，指各级政府、企事业单位、团体对教育的投资以及国内外个人对教育的捐资。（2）社会间接投资，指社会举办教育事业可能失去的国民收入。（3）个人直接投资，指受教育者个人和家庭为受教育者直接支付的教育费用，包括学杂费、文具费、书费、生活差距费等。（4）个人间接投资，指达到劳动年龄者因受教育可能放弃的个人收入。在实际统计工作中，一般只计算社会和个人直接投资。经济结构的转变与创新的紧迫性促使各国加大了对高素质人才的需求，高素质人才的培养离不开教育的投入，且人力资本正在成为影响竞争力与创新能力、增长、收入和就业的最核心要素之一。

二、创新产出

对于创新产出的界定，大部分学者采用专利、高质量期刊论文、高技术和服务出口等指标衡量（Fan，2018）。

（一）专利

专利一般是指由政府机关或者代表若干国家的区域性组织根据申请而颁发的一种文件，这种文件记载了发明创造的内容，并且在一定时期内产生这样一种法律状态，即获得专利的发明创造在一般情况下他人只有经专利权人许可才能予以实施。在我国，专利分为发明、实用新型和外观设计三种类型。专利文献作为技术信息最有效的载体，囊括了全球90%以上的最新技术情报，相比一般技术刊物所提供的信息早5～6年，而且70%～80%发明创造只通过专利文献公开，并不见诸于其他科技文献，相对于其他文献形式，专利更具有新颖、实用的特征。可见，专利文献是世界上最大的信息源，另据实证统计分析，专利文献包含了世界科技信息的90%～95%。

专利和专利申请是两个不同概念。专利申请是指在世界范围通过《专利合作条约》程序或向国家专利部门提交的专利申请，目的是对一项发明（提供一种新的做事方法或对某个问题提供一种新的技术解决方案的产品或程序）拥有专有权①。专利权在有限的期限内为专利所有者的发明提供保护，一般为20年。专利申请在获得授权前，只能称为专利申请，如果能最终获得授权，则可以称为专利并对其所请求保护的技术范围拥有独占实施权，如果其最终未能获得专利授权，则不能称为专利。专利申请的总量是用来衡量创新总体产出水平的常用指标之一，三方专利的数量被公认为可以较好地衡量创新价值（傅晓岚，2017）。三方专利是指由同一个申请人或发明者，对同一项发明在欧洲专利局、美国专利商标局和日本专利局寻求保护的专利。本书使用专利申请而不是专利授权，因为申请比授权公布得早，并且能更准确的反映技术竞争（乌利齐·施莫河，2011）。对于专利申请的数据来源渠道较多，结合本书的研究是在世界范围内涵盖发达国家、赶超国家和转型国家，故选取源于世界银行公布的世界知识产权组织数据即居民专利申请量衡量创新能力。

（二）高质量期刊论文

衡量创新产出的另一指标是高等教育界在世界范围内发表的高质量期刊论文的数量。高等教育界不仅可以直接参与各种创新活动，还可以通过完成其教

① 资料来源：世界银行数据库，世界知识产权组织（WIPO）。

育使命来确保供应未来的创新人才资源以促进国家创新发展。然而，仅靠发表论文的数量来衡量创新产出以及创新人员创新效率的高低，还不够完善。傅晓岚（2017）在其著作《中国创新之路》中提出，可以通过“引用率”来评价创新效率的高低和论文对科学发展影响程度，也可以作为科学研究的显性衡量指标。根据世界银行数据统计，期刊论文这一指标反映了出版在科学技术领域的主要期刊数量，这些期刊被划分为 SCI、SSCI（World Bank，2005），是具备较高质量论文发表的期刊等级（Fan，2018）。

（三）高技术和服务出口

未来一国经济增长的关键更重视高技术产品的出口数量，而非一般商品。高技术和服务出口数量可以看成衡量创新产出的又一指标，尤其可以衡量创新活动的经济效益（Fan，2018）。但对于这一指标，也有学者（Feenstra 和 Wei，2010；Berger 等，2013）认为它不能很好地反映创新能力的成效。本书认为创新源于知识和技术的创造，高技术产品和服务是创新成果的重要体现，高技术和服务出口在一定程度上反映了一国创新能力的高低。鉴于创新传统衡量指标的限制，（Fan 2018）采用出口商品的复杂程度（ECI）测量一国商品出口的复杂性，也可以作为创新产出的衡量指标。ECI 具备诸多优势，提供了研究创新产出的新视角，并有助于提高创新成果的运用。ECI 指数计量的核心有两方面特征，多样性和普遍性（Hausmann 等，2013）。多样性是指一个国家生产的不同产品的数量，普遍性代表了生产特定产品的国家的数量。由于需要大量知识的产品只有在具备所有必要技术和专门技能的少数地方才可行，因此产品越复杂，普遍性就越差。衡量 ECI 的数据可以在联合国商品贸易数据库及世界银行数据库取得，是出口数据而非生产数据，并且数据只包括货物，既不包括服务，也不包括关于非贸易活动的信息。

三、国际技术流动

国际技术流动是指技术在国家间的转移，有非商业性和商业性两种。非商业性的技术转让主要是指政府间以无偿援助方式，以及经济组织或个人之间互访考察、讲学、情报和资料的交流活动所进行的技术转让，是无偿的，也是有限的；商业性的技术转让，是指政府或私人企业之间按照国际商品交易的方式，根据签订的技术买卖合同，有偿实现技术转让，实际上就是将技术看作一种商品，有偿的技术流动就是技术作为商品在国际贸易中进行买卖交易。本书的国际技术贸易流动是指后者——有偿的、商业性的技术转让。

（一）国际技术贸易流动

国际技术流动主要以国际技术贸易作为衡量指标，国际技术贸易是一种国家间的以纯技术的使用权为主要交易标的的商业行为（赵春明和张晓甦）。国际技术贸易包括技术国际平衡中的支出表示技术流入（P）和技术国际平衡中的收入表示技术流出（R），根据世界银行数据库、国际货币基金组织的《国际收支统计年鉴》和数据文件，可以得到知识产权使用费的支付与接收，分别表示技术流入和技术流出，其中，知识产权使用费来自版税与许可费，是指居民和非居民之间为在授权的情况下使用无形、不可再生的非金融资产和专有权利（如专利、版权、商标、工业流程和特许权），以许可的形式使用原创产品的复制真品（例如电影和手稿）而进行的付款和收款。考虑到国际技术流动的方向性，在已有研究的基础上，采用显示性比较优势指数（RCA）（Balassa，1965）来测算国际技术比较优势指数（IA），衡量一国产品或产业的国际竞争力。用公式表示为 $IA=\dfrac{TR_i/TP_i}{TR_w/TP_w}$，其中，$TR_i$ 表示国家 i 的国际技术收入，TP_i 表示国家 i 的国际技术支出，TR_w 表示全世界的国际技术收入，TP_w 表示全世界的国际技术支出，研发投入与国际技术流动模式问题实际上体现了一国创新体系的国际化趋势，其中，将国际技术比较优势指数 IA 可以用于判断一国技术的比较优势，如下：

$$IA\begin{cases}>1，\text{表明国际技术收入占技术支出的比重大于全世界平均水平，}\\ \quad\ \text{具有比较优势}\\ =1，\text{表示中性，没有相对优势或劣势}\\ <1，\text{表示该国的技术在国际市场上竞争力较弱，不具有比较优势}\end{cases}$$

（二）国际技术流动的其他方式

国际技术流动与跨国公司密切相关。跨国公司是世界先进科学技术的创新主体，也是国际技术转移与扩散的主体，跨国公司拥有技术研究与开发的能力，拥有专利技术、商标、组织管理和营销技能等许多无形资产。技术优势是跨国公司对外直接投资的前提条件，技术转让、技术扩散的收益是跨国公司收入的重要体现，无疑也促进了技术在国家间流动的便利性和可操作性。同时，跨国公司通过内部互相交流技术信息及专业技术，其内部贸易已成为国际技术流动的主要组成部分，与对外直接投资密切相关的跨国公司内部技术转移成为最主要的国际技术转移形式（赵春明和张晓甦，2007）。大多数跨国公司的核心技术会受到东道国及母国的保护，因此，核心技术的流动受到限制，在一定程度上也阻碍了技术创新在国际间的流动。

四、创新国际化模式

根据以上创新国际化的指标构建可以看出，本书围绕技术创新的国际化发展进行研究，将创新投入、创新产出与国际技术流动作为创新国际化的界定标准（见表2-1）。其中，国际技术贸易的收入和支出数据源于知识产权使用费的支付与接收，知识产权可以更全面地反映技术贸易，是本书选用衡量国际技术流动的主要指标。而创新产出的主要衡量指标选取的是专利申请量而非知识产权使用费，主要考虑到专利作为知识产权的一部分，是技术信息最有效的载体，也是世界上最大的技术信息源，足以有效地反映创新能力。

表2-1　　创新国际化指标界定

主要指标	具体衡量指标	指标说明	建立模型选定的指标
创新投入	研发支出投入	国内研发支出投入、海外研发投入、高技术研发投入	研发强度=研发支出/GDP
	研发人员投入	国内研发人员投入、海外研发人员投入、高技术领域研发人员投入	—
	教育投入	高等教育和科研机构投入、政府公共部门研究投入、高技能人才就业	—
创新产出	专利	专利申请、三方专利、专利原创性	创新能力=居民专利申请数量
	高质量期刊论文	国内高质量论文的发表数量、发表在国外的高质量论文量、引用率	—
	高技术和服务出口	高技术商品出口、新产品销售收入与出口额	—
国际技术流动	国际技术贸易	技术贸易收入、技术贸易支出	国际技术贸易流动
	其他方式	跨国公司技术优势、技术转让、技术扩散、出口商品的复杂程度等	—

接下来将研发投入（RD）和国际技术比较优势指数IA相结合进行分析，可以得出研发投入、国际技术流动与创新能力组合即可体现创新国际化的四种

模式，即低低（LL）模式、低高（LH）模式、高高（HH）模式、高低（HL）模式（见图2－2）。参考已有的研究（孙玉涛等，2015），将研发强度（RD）的高低标准以2%进行划分，RD大于2%的国家创新国际化模式属于内部驱动型，RD小于2%的国家创新国际化模式属于外部驱动型。

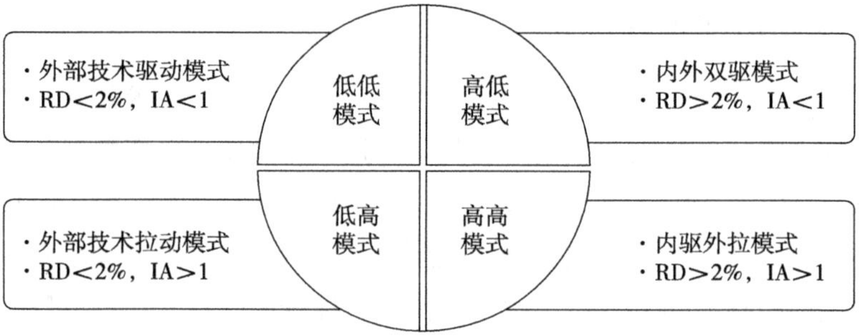

图2－2　创新国际化四种模式

创新国际化模式具备如下特征：（1）外部技术驱动模式，低低模式表明一国的研发投入较低，也不具备技术比较优势，主要依靠引进技术、外部驱动国家创新能力的提升；（2）外部技术拉动模式，低高模式表明一国的研发投入仍然较低，主要靠引进技术流入，但该国的国际技术流入已经向流出转变，说明一国的创新国际化模式开始由外部驱动向外部需求拉动模式转变；（3）内外双驱模式，高低模式表明本土研发投入较高，进入内驱模式阶段，但同时还要依赖国际技术流入本国，此时是内外双驱模式阶段；（4）内驱外拉模式，高高模式表明在研发强度上已经进入本土研发驱动阶段，在国际技术流动上也已经进入外部需求拉动阶段，创新投入相对较高，并且技术流动具备比较优势。

第二节　创新国际化发展的主要理论

赫克歇尔和俄林认为技术知识是一种要素禀赋，各国都应充分利用其相对丰富、具有优势的要素进行生产和出口，而进口其相对稀缺的要素产品；日本学者斋藤优认为一国的经济发展受到国内以及与其有贸易往来国的需求和要素资源的制约，如果资源需求不能满足，就会产生技术革新，进而形成国际技术转移的动力。可见，技术在国家间的流动具备其客观发展的需要，且对各国经济增长起到推动作用。

一、经济增长理论

新古典增长理论是罗伯特·索洛于1965年提出并建立的发展经济学中著名的模型——索洛经济增长模型（Solow Growth Model），又称新古典经济增长模型、外生经济增长模型，是在新古典经济学框架内的经济增长模型。由于经济增长存在长期性和持续性，索洛在柯布—道格拉斯生产函数中引入了技术进步因素变量，并假设技术进步为外生变量。由于存在技术进步，即使资本—劳动率不变，资本的边际收益也会不断提高。由此可见，经济增长不仅取决于资本和劳动要素的投入，还受到技术因素的影响，索洛的新古典生产函数的公式记为

$$F = F(K,L,t) \tag{2.1}$$

其中，Y 为产出，K 为资本，L 为劳动，t 为时间变量，表示在时间为 t 时的技术水平，技术因素的变化会对经济增长产生重大影响。索洛、斯旺等经济学家认为当存在技术进步等外生因素时，经济发展才能保持长期持续稳定增长。

20世纪80年代，保罗·罗默（Paul Romer）基于新古典增长理论提出新经济增长理论，假设技术进步要素内生化，以内生技术进步、人力资本投资和知识积累等模型解释经济长期增长，如阿罗的“干中学”模型，把学习引入生产函数，并认为知识可以共享；再如罗默的“知识溢出”模型、“知识驱动”模型，认为知识产生新技术，促进技术进步和知识的积累，新产品的开发依赖新知识、新技术的不断涌现；此外，卢卡斯的“人力资本溢出”模型，认为溢出效应来源于对人力资本的投资，而不是来自对实物资本的投资，经济增长是通过人力资本积累实现的。可见，新经济增长理论强调了人力资本的重要性以及技术的内生推动作用。

二、技术差距理论

技术差距理论（Technological Gap Theory）由美国经济学家波斯纳（M. Posner）于1961年首次提出，其主要内容反映了发达国家与发展中国家之间存在技术差距及其对商品贸易和技术转让的影响。技术差距理论把技术作为独立于劳动和资本的第三种生产要素，探讨技术差距或技术变动对国际贸易的

影响。工业化国家之间的贸易往来，很大一部分是以技术差距的存在为基础进行的。通过引入模仿滞后（Imitation Lag）的概念来解释国家之间发生贸易的可能性。在“创新国”（Innovation Country）和“模仿国”（Imitation Country）的两国模型中，“创新国”创新出一种新产品后，在“模仿国”掌握这种技术之前，具有技术领先优势，可以向“模仿国”出口这种技术领先的产品。随着专利权的转让、技术合作、对外投资或国际贸易的发展，“创新国”的领先技术流传到国外，“模仿国”开始利用自己的低劳动成本优势，自行生产这种商品并减少进口。“创新国”逐渐失去该产品的出口市场，因技术差距而产生的国际贸易量逐渐缩小，最终被“模仿国”掌握，技术差距消失，以技术差距为基础的贸易也随之消失。

图2-3为技术差距理论图，其中横轴表示时间，纵轴表示生产和出口的数量，上方为“创新国”，下方为“模仿国”。t_0为“创新国”开始生产时间，t_1为“模仿国”开始进口时间，t_2为“模仿国”开始生产时间，t_3为“模仿国”开始出口时间。

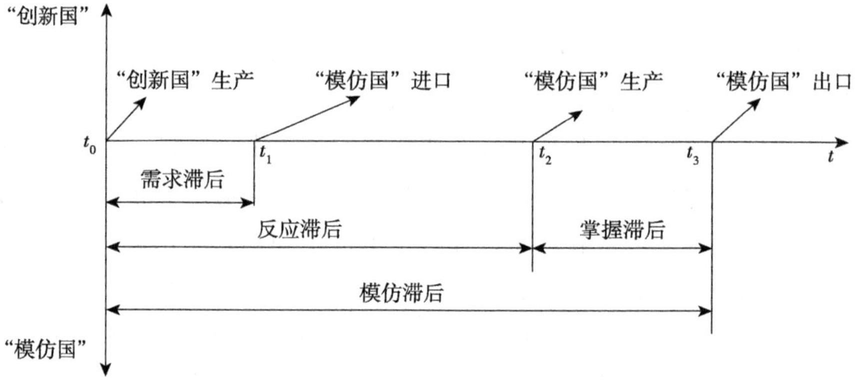

图2-3　技术差距理论

波斯纳在研究发达国家由技术创新到产品出口再到技术转让这一过程中，提出了需求滞后和模仿滞后的概念。需求滞后是指技术创新国用新技术生产出新产品后，其他国家对新产品价值的认识由无到有而开始从创新国进口这一时间间隔，图2-3中为t_0-t_1距离。模仿滞后是指从“创新国”开始生产新产品到“模仿国”完全可以模仿即生产并出口这种产品的时间间隔，图2-3中为t_0-t_3距离。通常，“创新国”为了追求最大利益，会通过各种途径宣传和扩大新产品，减少“模仿国”需求滞后的时间差；同时，“创新国”采取各种措施阻止新技术的扩散、转移，延长模仿滞后的时间，以获取更高收益。该理论从动态角度说明国际贸易的产生、贸易格局的变化，以及技术转移的产生和发展，解释了技术从发达国家向发展中国家进行的垂直转移，对发展中国家的经济发展具有指导意义。

三、技术生命周期理论

1966 年美国经济学家雷蒙德·弗农（Raymond Vernon）在实证研究美国跨国公司对外直接投资行为的基础上，创立了产品生命周期理论，成为国际技术贸易的理论之一，也是对技术差距理论的总结与扩展。该理论认为技术有生命周期，会经历生产、成长、成熟和衰退的过程，即技术生命周期，技术的优势、技术创新的成果最终都要体现在产品上。这一理论从国际技术贸易的角度，研究技术创新国从用新技术在本国生产新产品并占领国内市场，到产品出口增长、出口竞争、出口衰退，直至本国开始从国外进口该产品来满足本国需求的全过程（赵春明和张晓甦，2007）。技术转移呈波浪形态，起伏变化（见图 2 -4）。

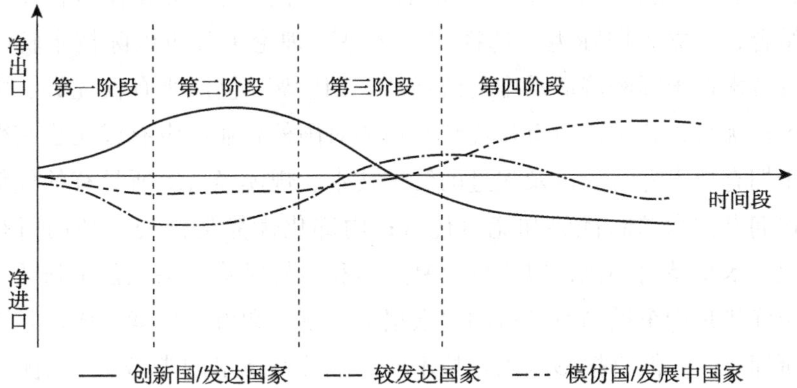

图 2 -4　技术生命周期理论模型

（资料来源：赵春明，张晓甦．国际技术贸易［M］．北京：机械工业出版社，2007）

第一阶段为新产品垄断阶段，技术创新国利用技术优势开发新技术和新产品，与其他国家形成技术差距，此阶段技术创新国一般不进行技术转让，并严防技术扩散；第二阶段为出口增长阶段，创新国将新产品出口到国外，在进口国市场上占据垄断地位，进口国结合本土资源优势开始模仿生产，这一阶段的技术转让是通过对进口国的直接投资完成的，主要在跨国公司内部进行技术转移；第三阶段为出口竞争阶段，创新国逐渐丧失其技术优势，出口产品与较发达国家仿制品激烈竞争，发展中国家对该产品需求增加并开始模仿该产品，此阶段创新国为了延长技术的生命周期，开始向生产成本更低的国家转让该产品的生产技术；第四阶段为出口衰退期，创新国产品出口不断下降，进口增加，其国内市场被较发达国家的产品占据垄断地位，创新国成为该产品的净进口国，发展中国家的生产规模不断扩大，国内产品竞争力逐渐提高。技术生命周期理论也是一个动态理论，可以应用于技术差距理论，进一步说明技术开发及其产品对国际技术贸易产生的影响，并有助于制定一国的技术发展和技术引进战略。

四、技术转让相关理论

美国学者曼斯菲尔德（E. Mansfield）从跨国公司的利益出发，首先提出对外直接投资和技术转让的选择理论，即技术转让选择理论。该理论认为，在能够获得充足的各种生产要素，产品出口又能获得最大利益的前提下，跨国公司一般选择对外直接投资方式进行国际化生产。而后，英国学者邓宁（J. Dunning）把国际经济活动中国际商品贸易、国际直接投资和技术转让三种方式有机结合，建立了国际生产选择"三优势"理论来分析国际技术转移发生机制以及技术在国际经济活动中的流动。"三优势"包括所有权优势、内部化优势和区位优势，其中，所有权优势是指相对国外企业所没有或无法获得而本公司由于拥有技术专有权以及先进的管理技术、规模经济等所具有的优势，它使本公司拥有技术垄断优势和竞争优势；内部化优势是指公司利用所有权优势，实现技术交易内部化，以降低交易成本和交易风险，保证公司利益不被损害；区位优势是指东道国所具有的要素禀赋、政策和市场环境优势，它不是公司本身所拥有的，但直接影响国际技术流动及转移技术的类型。"三优势"理论模型的运用见表 2－2。

表 2－2　跨国公司基于"三优势"理论模型的经济活动选择分析

选择结果	三优势		
	所有权优势	内部化优势	区位优势
对外直接投资	具备	具备	具备
产品出口	具备	具备	不具备
技术转让	具备	不具备	不具备

表2－2反映了跨国公司在对外直接投资、产品出口和技术转让三种方式的国际经济活动中，权衡三种基本优势后进行选择。通常情况下，公司选择技术转让是在其内部交易市场不具备一定规模、区位优势又不明显、进行单一商品贸易不利情况下的最优选择。技术转让选择理论说明技术引进成功与否受到技术引进方的国内环境因素、生产要素及模仿能力等因素的影响。

与技术转让选择理论相似的、反映跨国公司技术转让的第一理论是技术转让内部化理论（赵春明和张晓甦，2007）。该理论源于科斯的交易成本理论，认为跨国公司为了追求利润最大化，在产品出口、对外直接投资和技术转让三者中主要采取以技术优势为依托的对外直接投资方式。采用对外直接投资方式可以在公司内部有效的资源配置，最大限度地维护其技术的专有性，进而维护其在技术方面的垄断地位，可以使公司后续进行的技术创新成果控制在公司内部。导致公司技术转让内部化的根本原因是诸如专利技术、专有技术、商业秘密等中间产品市场的不完全竞争。这一理论是从维护发达国家和跨国公司利益出发，论述跨国公司选择对外直接投资并将技术转让内部化是保护自己技术专有权和技术垄断地位的方法。不难看出，技术转让内部化理论不利于发展中国家技术引进，因此，对于发展中国家来讲，研究这一理论有助于突破跨国公司在经济上、技术上的控制，选择正确的技术引进战略和有利的合作方式，利用跨国公司的资金、技术来发展本国经济。

第三节　创新国际化影响经济增长的模型构建

研发投入是提升创新能力的重要驱动，通过加大研发投入可以提高本国的创新能力，进而促进国际技术贸易的流动；技术贸易在各国间的流动可以带给本国新技术，从而提升创新能力，推进本国进一步加强研发力度；在研发投入、国际技术贸易流动和创新能力良性运行的基础上，有助于推动各国的经济增长；经济增长反之也促使各国继续加大研发投入、提升创新能力，并加强国际技术流动。可见，研发投入、国际技术流动、创新能力体现的创新国际化与经济增长之间具有密切的互动关系（见图2－5）。

一、投入产出与经济增长模型

本书基于投入产出原理，运用索洛模型探讨技术活动对经济增长与资源向

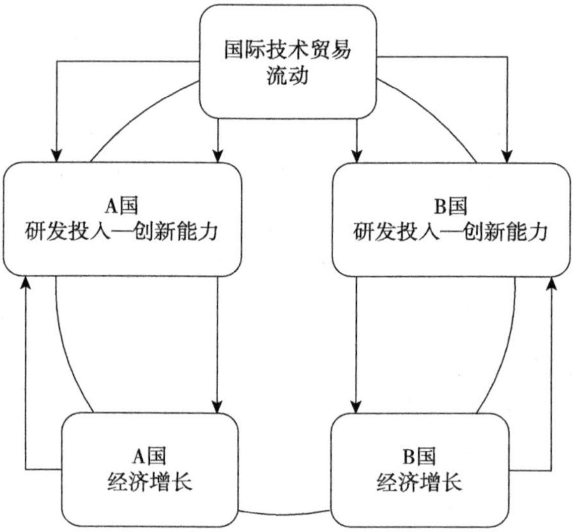

图 2-5　创新国际化与经济增长之间的关系

创新活动配置的决定因素。索洛模型的四个重要变量包括产出（Y），资本（K），劳动（L），以及“知识”或“劳动的有效性”（A）。生产函数形式如下：

$$Y(t) = F[K(t), A(t)L(t)] \tag{2.2}$$

其中，时间 t 并不直接引入生产函数，而只通过 K、L 和 A 引入，当生产投入变化时，产出也随时间而变化；A、L 是有效劳动，以这种方式引入的技术进步被视为劳动增加型或哈罗德中性（戴维·罗默，2004）的。为了更好地理解增长因素，对索洛模型进一步分析，如下：

$$\dot{Y}(t) = \frac{\partial Y(t)}{\partial k(t)}\dot{K}(t) + \frac{\partial Y(t)}{\partial L(t)}\dot{L}(t) + \frac{\partial Y(t)}{\partial A(t)}\dot{A} \tag{2.3}$$

$\partial Y/\partial L$ 与 $\partial Y/\partial A$ 分别表示 $\left[\frac{\partial Y}{\partial(AL)}\right]A$ 与 $\left[\frac{\partial Y}{\partial(AL)}\right]L$，式（2.3）两边同时除以 $Y(t)$ 并改写右边项，可得方程如下：

$$\begin{aligned}\frac{\dot{Y}(t)}{Y(t)} &= \frac{K(t)}{Y(t)}\frac{\partial Y(t)}{\partial K(t)}\frac{\dot{K}(t)}{K(t)} + \frac{L(t)}{Y(t)}\frac{\partial Y(t)}{\partial L(t)}\frac{\dot{L}(t)}{L(t)} + \frac{A(t)}{Y(t)}\frac{\partial Y(t)}{\partial A(t)}\frac{\dot{A}(t)}{A(t)} \\ &\equiv \alpha_K(t)\frac{\dot{K}(t)}{K(t)} + \alpha_L(t)\frac{\dot{L}(t)}{L(t)} + R(t)\end{aligned} \tag{2.4}$$

其中，$\alpha_L(t)$ 是在 t 时刻产出的劳动弹性，$\alpha_K(t)$ 是产出的资本弹性，并且 $R(t) \equiv [\frac{A(t)}{Y(t)}][\frac{\partial Y(t)}{\partial A(t)}][\frac{\dot{A}(t)}{A(t)}]$。将式（2.4）两边同时减去 $\dot{L}(t)/L(t)$，假定规模报酬不变，$\alpha_L(t) + \alpha_K(t) = 1$，最终得到方程如下：

$$\frac{\dot{Y}(t)}{Y(t)} - \frac{\dot{L}(t)}{L(t)} = \alpha_K(t)\left[\frac{\dot{K}(t)}{K(t)} - \frac{\dot{L}(t)}{L(t)}\right] + R(t) \tag{2.5}$$

Y、K 和 L 的增长率可以直接衡量得到，$R(t)$ 为索洛残值，被解释为对技术进步贡献的度量，这一理论基础可被应用于多种扩展模型，为研究创新国际化因素对经济增长的影响奠定了理论基础。

二、引入创新国际化指标的索洛生产函数

根据王小鲁等（2009）的研究，采用索洛增长模型和柯布—道格拉斯生产函数，建立反映创新国际化因素对经济增长影响的生产函数：

$$Y_t = A_t K_t^{\alpha} L_t^{\beta} \tag{2.6}$$

假设规模报酬不变，式（2.6）中 $\alpha + \beta = 1$，式（2.6）可表示为：

$$Y_t/L_t = A_t(K_t/L_t)^{\alpha} \tag{2.7}$$

其中，Y_t 为产出，K_t 为物质资本，L_t 为人力资本，α 为平均物质资本产出份额，β 为平均人力资本产出份额（李军军和周利梅，2012）。

考虑到本书研究创新国际化以及影响经济增长的重要因素，将创新国际化（II）和其相关指标研发人员投入（RDP）、外商直接投资净流入（FDI）及贸易开放度（TRO）等指标引入模型，建立反映创新国际化与经济增长的函数扩展关系式：

$$Y_t = A_0 e^{\gamma_1 II + \gamma_2 RDP_t + \gamma_3 \mathrm{FDI}_t + \gamma_4 \mathrm{TRO}_t} K_t^{\ \alpha} L_t^{\ \beta} \tag{2.8}$$

对式（2.8）进行线性化处理，两边取对数，得到方程如下：

$$\ln(Y_t/L_t) = \ln A_0 + \gamma_1 II + \gamma_2 RDP_t + \gamma_3 FDI_t + \gamma_4 TRO_t + \alpha \ln(K_t/L_t) \tag{2.9}$$

其中，t 表示年份。

三、神经网络模型

BP（Back Propagation）神经网络是 1986 年由 Rumelhart 和 McCelland 为首

的科学家小组提出的，是一种按误差逆传播算法训练的多层前馈网络，是目前应用最广泛的神经网络模型之一。BP 网络能学习和存贮大量的输入—输出模式映射关系，无须事前揭示描述这种映射关系，通过反向传播不断调整网络的权值和阈值，使网络的误差平方和最小。BP 神经网络模型拓扑结构包括输入层（Input）、隐藏层（Hidden Layer）和输出层（Output Layer）。神经网络模型是以神经元的数学模型为基础来描述的，神经元是神经网络的基本处理单元，一般定义为一个多输入/单输出的非线性器件，其结构模型如图 2－6 所示。

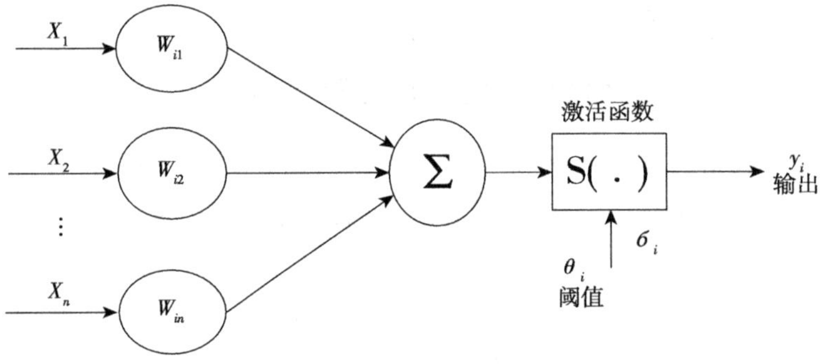

图 2－6　神经网络结构模型

图 2－6 中，$б_i$为神经元的内部状态；θ_i为阈值；X_i为输入信号；W_{ij}为第 i 个神经元与第 j 个神经元的突触连接强度，即权值，权值为正表示激活，权值为负表示抑制；S_i为外部非线性激活信号；y_i为第 i 个神经元的输出；A_i表示第 i 个神经元的输入总和。因此，上述模型可以记为

$$A_i = \sum_i W_{ij} X_i + S_i - \theta_i \tag{2.10}$$

$$y_i = f(A_i) \tag{2.11}$$

其中，$f(A_i)$ 表示神经元输入—输出关系的函数，称为作用函数或活化函数。

第五章创新国际化的增长效应分析中将运用到本部分的模型设定，并在此基础上进行回归分析。

第四节　小结

本章主要介绍创新国际化的分析框架及理论基础，围绕创新投入、创新产出和国际技术流动进行分析。首先，创新国际化指标的构建，其中创新投入包括研发支出投入、研发人员投入和教育投入；创新产出包括专利、高质量期刊论文和高技术和服务出口；国际技术流动包括国际技术贸易和跨国公司技术优势、技术转让和技术扩散等其他方式，进而归纳创新国际化模式的四种类型。其次，随着全球经济一体化发展，技术贸易流动愈加频繁，技术贸易的流动有助于推进创新投入和产出，而创新投入和产出也能够加大技术贸易流动；创新投入和产出促进经济增长，经济增长反之也有助于加大研发投入和教育投入等，影响着创新投入和产出；经济增长和技术贸易流动也体现出相互推进、相互影响的双向效应。再次，提出创新国际化的主要理论（如新古典增长理论、技术差距理论、技术生命周期理论、技术转让相关理论及发展模式）的路径演变，为创新国际化发展研究奠定理论基础。最后，构建创新国际化影响经济增长的模型，包括投入产出与经济增长模型、引入创新国际化指标的索洛生产函数及神经网络模型，分析创新国际化对经济增长的促进或阻碍作用及世界格局发生变化对创新国际化影响经济增长的重要程度。

第三章　中国创新国际化的发展演变

2007 年美国次贷危机以来，世界经济政治格局发生翻天覆地的变化，中国和新兴经济体发展迅猛，美国和欧洲经济体出现衰落迹象，再加上 2016 年英国“脱欧”以及特朗普当选美国总统后出台的一系列具有保守主义色彩浓厚的政策，使逆全球化浪潮经过多年的酝酿演变为洪流。在全球化带来普遍繁荣后出现了全球性的金融危机和随之而来的停滞，使各国对经济复苏和增长更为渴望，可以说逆全球化的出现是对全球化发展过程中利益失衡的一种暂时性调整（陈伟光和蔡伟宏，2017）。与此同时，创新国际化的发展内涵随之发生变化，为了更好地了解中国创新国际化发展趋势，本章首先介绍中国创新国际化发展的制度背景，再分别对 2008 年国际金融危机前、后金融危机时代，以及特朗普执政时期中国的创新投入、创新产出和国际技术流动等重要衡量指标进行分析，探讨中国创新国际化发展由技术引进为主的外部技术驱动模式，到自主创新，再向技术“走出去”的内外双驱模式的演变历程。

第一节　中国创新国际化的制度环境

一、创新体系的初步形成

从国际发展经验来看，相对于技术创新的研究，创新政策的研究要晚得多。回顾中国创新政策的发展历史，最早可以追溯到改革开放时期邓小平同志在 1978 年全国科学大会上提出的，科学技术是生产力，科技人员是工人阶级的一部分；1982 年，“经济建设必须依靠科学技术，科学技术工作必须面向经济建设”的战略思想，成为指导中国包括科学技术工作在内的社会主义现代化建设的基本方针之一；1985 年，正式出台并实施的《关于科学技术体制改革的决定》，对科技管理机制、科技拨款制度、国家重点项目管理、科研机构的组织结构、人事制度等方面进行改革；1986 年，《高科技研究发展计划纲要》提出以前沿技术研发为重点，统筹部署高科技的集成应用和产业化示范，充分发挥高科技引领未来发展的先导作用。1985—1989 年，共 7 项创新政策出台，创新概念深入人心。这一阶段创新政策具备以下特点：一是政府在推进科技进步的进程中发挥了重要作用，尤其注重技术引进与技术改造问题。在计划经济体制下推出多项科学技术计划，在改革开放初期，企业的技术开发活动并不活跃，依赖政府的计划安排，而且企业多处于卖方市场条件，竞争压力与创新动力较弱。从技术改造的迫切需求出发，引进先进技术和关键设备成为当时工作的重中之重，政府除了加强技术改造、技术引进的计划管理外，还出台了一系列相关政策。二是科技体制改革逐步推进。1985 年 3 月发布的《中共中央关于科学技术体制改革的决定》将科技进步与经济发展相结合，实行“稳住一头、开放一片”的政策，致力于促进科技与经济发展共同进步。三是政策允许技术作为商品进行转让。20 世纪 80 年代中期，随着计划经济向市场经济的转变，政府放开对技术转让的限制，技术市场应运而生，在此期间，专利制度、风险投资机构、高新技术开发区等被逐渐引入技术市场，合同法的颁布也推动技术市场走向法制化轨道。

20 世纪 90 年代以前，中国每年颁布的技术创新政策数量基本相同。1990 年以来，中国技术创新政策数量呈递增趋势。1992 年颁布的《国家中长期科学技术发展纲领》进一步确立将大部分科技力量用于国民经济建设，注重技术创新，努力吸收和尽快应用世界上先进的适用技术，加速国民经济各领域的技术改造，以国家的经济、社会发展的目标和部署为依据，运用现代科学技术增强综合国力和提高人民生活水平，着重解决工农业大规模现代化生产中出现的问题。1995 年，《关于加速科技进步的决定》出台，在随后召开的全国科技大会上，进一步表明了政府加速科技进步、推进技术创新的决心。1993 年创新政策的数量高达 16 条，较 1990 年上涨 75%，较 1985 年上涨 94%。

表 3-1　　1990—1995 年中国推行创新政策的数量变化趋势　　单位：条

创新政策	1990 年	1991 年	1992 年	1993 年	1994 年	1995 年
政策数量	4	4	9	16	12	6

资料来源：陈劲，黄淑芳．企业技术创新体系演化研究［J］．管理工程学报，2014（4）：219-228.

这一阶段的主要特点体现在四方面。一是适应社会主义市场经济的发展、符合科技自身发展规律、科技与经济密切结合的新型体制。为此，中国政府鼓励研发机构投资兴办科技企业，支持研究型机构改制转型为现代科研型企业，改组或创办生产力促进中心、高新技术创业服务中心、科技咨询与服务中心等技术创新组织。二是科学技术成果转化为生产力备受关注。20 世纪 80 年代，由于政府的全力支持，中国产生大量的科技成果。进入 20 世纪 90 年代，中国进一步认识到技术创新的重要性，同时也看到科学技术政策并不能解决科学技术与经济脱节的问题，因而，对科学技术成果如何转变为生产力这一问题给予了特别关注和支持。在这一时期，中国实行了多项加速科技成果转化的项目计划，如“国家重点科技成果推广计划”“国家工程技术研究中心建设计划”“国家重点新技术推广计划”“产学研联合开发工程计划”等。此外还有一批相关的法律法规，如《中华人民共和国科技进步法》《中华人民共和国促进科技成果转化法》等，为科技成果转化创造了良好的政策环境。三是政府逐步建立起技术创新的相关服务体系。在科技创新项目计划和创新政策的完善下，政府进一步发布了加快发展科技咨询、科技信息和技术服务业的政策意见，表明政府逐步进行技术创新相关服务体系建设，以间接手段推进技术创新活动。四是出台一系列加快高新技术产业发展的相关政策。这一时期出台有关高新技术开发区的各种扶植政策，意在探索一条孵化高新技术企业、加速高新技术成果转化的新道路，着力把高新技术开发区建设成为发展高新技术产业的基地。

二、国家技术创新的系统发展

1995 年以来，中国经济建设出现新情况，经济实现“软着陆”，通货膨胀有所遏制，这与当时政府推出的各项创新政策密切相关。为了改变依靠高投入、牺牲能源优势的粗放型经济模式，政府在 1996—1997 年调整了经济发展战略，倡导由粗放型经济转向集约型经济，加大技术投入，颁布的创新政策数量急剧增长。1999 年出台的技术创新政策数量达到历史最高，共颁布创新政策 29 条。这与中国始终坚定不移的贯彻“科技是第一生产力”的方针路线及崇尚“把技术创新作为经济增长的动力”的国际大环境是一致的。政府鼓励科研人员技术创新，1999 年公布的《中共中央　国务院关于促进科技成果转化的若干规定》指出，科技人员出资入股的高技术成果入股作价可达到公司注册资本的35%，强调从技术转让所得的净收入中应提取比例不低于20%作为一次性奖励，科技人员可离岗创办高技术公司。这些措施放宽了对科技人员从事技术创新的限制和束缚。在创新政策的倡导下，中国技术创新及经济发展突飞猛进。进入21世纪，中国不断融入全球经济，飞速发展的同时也面临日益严峻的科技和创新竞争。中国产业的国际竞争力仍然主要依靠便宜的劳动力和土地资源形成的低成本优势，中国企业的技术创新能力依然薄弱，成为产业发展的短板。2002年《国家技术创新计划管理办法》出台，提出发展产业技术和实验，不断进行新技术的普及与推广，联合开发，建立科技中心和服务体系。2005年《中共中央关于制定国民经济和社会发展第十一个五年规划的建议》出台，将增强自主创新能力视为重要内容，与"形成一批拥有自主知识产权和知名品牌、国际竞争力较强的优势企业"一并列为接下来5年经济社会发展的重要目标之一。2006年《中共中央　国务院关于实施科技规划纲要增强自主创新能力的决定》发布，明确指出增强自主创新能力、努力建设创新型国家，其关键是强化企业在技术创新中的主体地位，建立以企业为主体、市场为导向、产学研相结合的技术创新体系。2007年，《中华人民共和国科学技术进步法》进一步完善，技术创新政策重点关注财政总体投入水平，研发费用成本，信贷，向国内外机构和个人开放投资科技的机会，建立信息交流，信息网络和信息安全体系，以保护知识产权。可以看出技术创新趋向国际化发展道路。

表3-2　　1996—2007年中国推出的主要创新政策

年份	政策文件	主要措施
1996	《中华人民共和国促进科技成果转化法》	技术探索，启动资金、贷款贴息、补助资金、风险资本和其他特殊建设资金、税收优惠、建设科技成果数据库等
1999	《中共中央　国务院关于加强技术创新发展高科技实现产业化的决定》	研发技术投入、用于科技商业化的信贷和其他财务投入、国内科研机构的管理政策制定等
2002	《国家技术创新计划管理办法》	发展产业技术和实验，不断进行新技术的普及与推广，联合开发，建立科技中心和服务体系
2005	《中共中央关于制定国民经济和社会发展第十一个五年规划的建议》	将增强自主创新能力视为重要内容，与"形成一批拥有自主知识产权和知名品牌、国际竞争力较强的优势企业"一并列为接下来5年经济社会发展的重要目标之一

续表

年份	政策文件	主要措施
2006	《中共中央　国务院关于实施科技规划纲要增强自主创新能力的决定》	明确指出增强自主创新能力、努力建设创新型国家，关键是强化企业在技术创新中的主体地位，建立以企业为主体、市场为导向、产学研相结合的技术创新体系
2006	《国家中长期科学技术和技术发展规划纲要（2006—2020年）》	通过税收、信贷、政府采购措施支持外部研发的引进和创新，特别是针对自主创新产品
2007	《中华人民共和国科学技术进步法》	技术创新政策重点关注财政总体投入水平，研发费用成本，信贷，向国内外机构和个人开放投资科技的机会，建立信息交流、信息网络和信息安全体系，以保护知识产权

资料来源：傅晓岚《中国创新之路》（2017）；陈劲《科学、技术与创新政策》（2013）。

首先，这一阶段的主要特征表现在技术创新概念为国家接受，国家技术创新系统不断发展完善。技术创新工程开始实施，1999年《中共中央　国务院关于加强技术创新、发展高科技、实现产业化的决定》把技术创新推向高潮，表明中国的经济发展逐渐走向技术创新之路。同年，中国设立了“科技型中小企业技术创新基金”，决心大力推动中小科技型企业的技术创新。其次，明确企业在技术创新中的主体地位，促使企业成为决策的主体、开发的主体、投资的主体、利益分配的主体和承担风险的主体，同时把建立健全企业的技术创新机制作为建立现代企业制度的重要内容和搞好国有大中型企业的关键环节。再次，独立科研院所的改革方向逐渐明确，即实行科研院所的企业化，从根本上解决科研与生产相结合问题。通过鼓励科研人员创业，肯定科研人员的知识产权并从分配上确认其份额，这是科技体制改革的另一个重点方向。最后，如何将经济与社会发展转向科学发展的轨道，成为新时期中国科技创新面临的重要现实问题。建设创新型国家是我国处于社会主义初级阶段，经济、社会尤其是科技发展程度相对较低国情下的国家发展战略，创新型国家的核心在于自主创新，即把增强自主创新能力作为发展科学技术的战略基点，走出中国特色自主创新道路，推动科学技术的跨越式发展，把增强自主创新能力作为调整产业结构、转变增长方式的中心环节，建设资源节约型、环境友好型社会，推进国民经济又快又好的发展。

此外，在这一阶段的外资政策对中国创新发展产生极大影响，使中国在只有廉价的土地和劳动力而缺乏资金和技术的情况下引进外资必须采取合资方式。然而，由于当时很多产业，特别是电信、汽车、金融服务等关键产业，中国与发达国家实力相差悬殊，一些敏感领域中方必须控股，所以中国提出必须采取合资的办法，这符合当时中国国情和实际情况，并被合作国双方认可，因为当时在中国市场竞争的不是外资和中国企业，而是外资企业和合资企业，如大众和中国的合资企业、通用和中国的合资企业、日本丰田和中国的合资企业等，如果外资企业在合作中不拿出技术来，甚至不拿出核心技术来，就很难占领中国市场，由此带来强制性技术转让。从某种意义上来讲，合作国拿出技术是为了抢占中国的市场份额，并没有所谓的强制性技术转让。而因引进外资采取的合资方式使技术在中国与发达国家间加速流动起来，尤其是 2001 年中国加入 WTO 以来，技术创新国际流动这一现象越加明显。

三、创新国际化的全面发展

中国的创新蓝图经历了跨世纪的巨大转变，政府在制定和促进一项可靠的创新政策上发挥着重要且不可替代的作用。2008 年以来，企业研发的全球化和开放式创新开始兴起，知识产权问题重要性日益凸显，政府积极鼓励企业通过引进海外技术，一批中国本土的领先企业已经采取各种模式的开放式战略来管理创新活动。外部来源在创新过程中可以发挥很大的作用，但仍有一部分国内企业通过内部渠道获取创新，在创新国际化道路上进展缓慢。在开放式创新进程中，政府的支持有助于推进企业在技术创新上的追赶。2008 年以来，《国务院关于印发国家知识产权战略纲要的通知》颁布，通过税收、投资、政府采购、产业、能源及环境保护政策来改善知识产权法的执行和管理体系；2009 年，《商务部、科技部关于鼓励技术出口的若干意见》颁布，鼓励知识产权交易和高新技术出口；2010 年，《科学技术部关于印发〈关于推动产业技术创新战略联盟构建与发展的实施办法（试行）〉的通知》鼓励国内企业以合资、合作及合并等方式在国外成立技术研发机构，建立研发联盟，并利用海外优势力量发展具有独立知识产权的产业技术；中国共产党第十八次全国代表大会以来，以习近平同志为核心的党中央把创新摆在国家发展全局的核心位置，围绕实施创新驱动发展战略，加快推进以科技创新为核心的全面创新；2012 年，国家实施的创新驱动发展战略；2014 年，开展了《国家中长期科学和技术发展规划纲要（2006—2020年）》中期评估工作，各行业界提出要对有利于提升创新能力和水平的国际合作活动进行深入规划，创新性的国际合作逐渐成为实现创新驱动发展的国家战略；2015年出台的《中共中央　国务院关于深化体制机制改革加快实施创新驱动发展战略的若干意见》，分别从改革与发展的角度推动了创新驱动发展战略的实施；2016年，国务院提出《“十三五”国家科技创新规划》作为国家在科技创新领域的重点专项规划，是我国迈进创新型国家行列的行动指南；2017年以来，国务院、国家发展改革委、国家知识产权局、科技部等政府部门相继颁布了诸多创新合作发展的相关政策文件，极大地推进了创新发展迈向新阶段，中国与全球国家的技术往来愈加紧密（见表3－3），与“一带一路”沿线国家的技术合作加速了创新“走出去”的步伐。十九大报告进一步指出，2020—2035年，基本实现社会主义现代化，经济实力、科技实力大幅跃升，跻身创新型国家前列，加快对外开放，这离不开科技创新与深化国际合作，中国将坚持以全球视野谋划和推进创新，实施科技创新国际化战略，积极融入和主动布局全球创新网络，探索科技开放与国际合作的新模式和新途径。

表3－3　　2017—2018年中国颁布的主要创新相关政策

颁布时间	政策名称	颁布机构	主要内容
2017年9月	《关于印发国家技术转移体系建设方案的通知》	国务院	加速技术转移载体全球化布局，开展“一带一路”科技创新合作技术转移行动，鼓励企业开展国际技术转移
2017年10月	《关于积极推进供应链创新与应用的指导意见》	国务院	推进供应链全球布局，加强与伙伴国家和地区之间的合作共赢
2017年6月	《关于印发〈服务业创新发展大纲（2017—2025年）〉的通知》	国家发展改革委	提升全球服务市场资源配置能力，加快发展服务贸易，创新全球服务资源配置方式，强化“走出去”服务支撑，积极参与国际服务投资贸易规则制定
2017年4月	《关于印发〈专利代理行业发展“十三五”规划〉的通知》	国家知识产权局	专利代理机构扩展国际化视野，提供涉外知识产权服务，培育具有国际竞争力的专利代理机构和国际化服务能力的专利代理人才队伍，加强行业国际交流与合作

续表

颁布时间	政策名称	颁布机构	主要内容
2017 年 7 月	《关于印发〈2017 年深入实施国家知识产权战略加快建设知识产权强国推进计划〉的通知》	国务院知识产权战略实施工作部际联席会议办公室	开展海外知识产权环境研究，及时发布主要贸易目的地、对外投资目的地知识产权制度等信息，加强海外知识产权维权援助机制建设，拓展与“一带一路”相关国家海关合作，邀请中国企业参加海关对外合作，维护中国企业海外知识产权利益，助推中国企业“走出去”
2017 年 4 月	《关于印发〈“十三五”国家科技人才发展规划〉的通知》	科技部	支持科研机构和高校设立海外研发机构，加强国际研究网络构建，吸引当地高层次创新人才从事研发活动
2017 年 5 月	《关于印发〈“十三五”技术市场发展专项规划〉的通知》	科技部	加强与国外知名技术转移机构深度合作，提高中国技术转移和成果转化国际化水平，实施“走出去”和“引进来”。鼓励国内技术转移和成果转化服务机构在国外科技创新领先地区设立机构，利用和配置全球创新资源
2017 年 6 月	《关于印发〈“十三五”技术标准科技创新规划〉的通知》	科技部、质检总局、国家标准委	以科技创新推动中国标准“走出去”，围绕“一带一路”、国际产能和装备制造合作需求，依托国家科技计划和境外工程建设，助推中国技术、产品和服务“走出去”
2017 年 6 月	《关于印发〈国家科技企业孵化器“十三五”发展规划〉的通知》	科技部	加快孵化器国际化步伐，加强创新创业的全球链接，支持孵化器“走出去”，开拓国际业务，设立海外孵化器，通过与国外高校、研究院所和国际技术转移机构合作，对接海外创业团队、投资机构，优选高科技项目
2018 年 4 月	《印发〈关于进一步推进中央企业创新发展的意见〉的通知》	科技部、国资委	加强中央企业创新能力开放合作，支持中央企业参与实施“一带一路”科技创新行动计划，主动布局全球创新网络，并购重组海外高技术企业或研发机构，建立海外研发中心或联合实验室，实现优势产业及产品“走出去”，提高全球创新资源配置能力

续表

颁布时间	政策名称	颁布机构	主要内容
2018年5月	《印发〈关于推动民营企业创新发展的指导意见〉的通知》	科技部、全国工商联	鼓励民营企业并购重组海外高技术企业，设立海外研发中心，促进顶尖人才、先进技术及成果引进和转移转化，实现优势产业、优质企业和优秀产品“走出去”，提升科技创新能力对外开放水平

资料来源：商务部《2018中国对外投资发展年报》整理所得。

这一阶段，“引进来”强调为我所用、互利共赢，进一步加大了“走出去”的步伐，同时强调技术、人才、资本等创新资源要素的流动要为我所用，以提升我国的自主创新能力，属于追赶向自主转型的阶段。首先，“十三五”时期，世界科技创新呈现新趋势，国内经济社会发展进入新常态。全球新一轮科技革命和产业变革正如火如荼地进行着，科学技术从微观到宏观各层面向纵深演进，创新内容多点突破、交叉融合趋势显著；物质结构、宇宙演化、生命起源、意识本质等一些重大科学问题的原创性突破正在开辟新前沿新方向，信息网络、人工智能、生物技术、清洁能源、新材料、先进制造等领域呈现出群体式跃进的发展态势，颠覆性技术不断涌现，催生新经济、新产业、新业态、新模式，对人类生产方式、生活方式乃至思维方式产生前所未有的影响。其次，科技创新政策的国际化趋势日益凸显，与“一带一路”沿线国家的创新合作政策尤其突出，在应对人类共同挑战、实现可持续发展中发挥着重要作用。全球创新创业进入高度密集活跃期，人才、知识、技术、资本等创新资源全球流动的速度、范围和规模达到空前水平。创新模式发生重大变化，创新活动的网络化、全球化特征更加突出。全球创新版图正在加速重构，创新多极化趋势日趋明显，科技创新成为各国实现经济再平衡、打造国家竞争新优势的核心，正在深刻影响和改变国家力量对比，重塑世界经济结构和国际竞争格局。最后，创新政策支持“开放性创新网络”，将个人、大学、政府机构乃至不同国家间的其他公司联结在一起，构建本土的开放式网络创新，创新政策更加积极与开放。通过建立产学研相结合的创新网络，以企业为中心，共同承担风险，建立依托城市的开放式技术服务系统。此外，技术交易市场的发展可以极大的增加企业和其他机构之间技术知识的流动，是支持和促进开放式创新网络建设的重要政策舞台（傅晓岚，

2017）。在创新国际化政策的实施过程中，知识产权问题凸显，保护知识产权已成为促进科技和文化发展的重要制度因素，目前中国的知识产权制度正逐渐与国际接轨，有利于规范跨国经营的合作创新（这一点在下文中国创新国际化模式研究中再重点讨论）。同时，2008 年以来世界经济格局发生变化，中国在此后的创新发展，以及与发达国家间的新技术流动趋势也发生了微妙变化，尤其是与美国的技术创新合作，因美国感到受中国经济发展对其产生的威胁使创新技术合作程度趋于弱化。

依据上述创新政策的实施，将我国改革开放以来创新政策与国际化创新行为相结合进行归纳总结（见表 3－4）。其中，国际化创新行为 12 项分布比重的分母为不同实施阶段所选创新政策的数量，分子为所选创新政策中包含了此项国际化创新行为的数量。根据中国创新政策演进发展变化，得出以下几点结论：（1）随着市场经济和创新的不断发展，国际往来越加频繁，在由政府主导的创新政策实施过程中，国际科技合作、人才引进与派出政策推动较强；（2）跨国公司在华研发、企业赴海外研发和科研机构国际合作等方面的政策也逐渐加大了支持力度；（3）《国家中长期科学技术和技术发展规划纲要（2006—2020 年）》提出以来，自主创新逐渐成为我国创新国际化战略的发展方向；（4）技术引进政策强调为我所用，尤其注重引进海外高层次人才，创新国际化发展政策鼓励企业“走出去”，不断融入全球创新网络。可见，中国创新政策也由被动的适应国际竞争向积极主动参与国际技术合作与竞争转变，创新政策从“引进来”，转向“引进来”与“走出去”相结合，创新国际化发展的政策力度逐渐加强。

表 3－4　　中国创新政策实施阶段与国际化创新行为分布比重

创新政策实施阶段	第一阶段 1987—1989 年	第二阶段 1990—1995 年	第三阶段 1996—2007 年	第四阶段 2008 年至今
标志性政策	《中共中央 关于科学技术体制改革的决定》	《中共中央 国务院关于加速科技进步的决定》	《国家中长期科学技术和技术发展规划纲要（2006—2020 年）》	《“十三五”国家科技创新规划》

续表

创新政策实施阶段		第一阶段 1987—1989 年	第二阶段 1990—1995 年	第三阶段 1996—2007 年	第四阶段 2008 年至今
主要特征		政府推进科技进步；被动适应国际规则和参与全球竞争	科学技术成果转化为生产力备受关注；参与全球竞争由被动向主动转变	国家技术创新系统不断发展完善；自主创新力度加强；主动参与并努力影响国际规则的制定	“引进来”强调为我所用、互利共赢；在国际规则和全球竞争中的主动性和影响较大，甚至处于主导地位
国际化创新行为	国际科技合作	6/6	4/5	7/7	11/14
	自主创新	0	3/5	5/7	10/14
	技术引进	4/6	5/5	5/7	6/14
	技术出口	0	2/5	2/7	3/14
	人才引进	1/6	5/5	6/7	14/14
	人才派出	3/6	3/5	5/7	11/14
	引进外资	1/6	2/5	3/7	3/14
	对外投资	0	1/5	2/7	3/14
	跨国公司在华研发	0	0	2/7	6/14
	企业赴海外研发	0	0	4/7	9/14
	科研机构国际合作	0	2/5	2/7	9/14
	高校国际合作	0	1/5	0	8/14

资料来源：刘云，谭龙，李正风，等．国家创新体系国际化的理论模型及测度实证研究［J］．科学研究，2015（9）：1324－1399.

创新政策是一国政府为促进技术创新活动的产生和发展、规范创新主体行为而制定并运用的各种直接或间接的政策和措施的总和，是一个完整的体系，在经济发展中发挥了重要的促进作用。创新政策与产业政策密切相关，如投资赠款、税收优惠、产业改组和公共所有制等；同时创新政策离不开科学技术政策的支撑，如技术教育、专利政策、具有基础设施性质的基础理论研究与应用研究等。一方面，技术创新活动的结果对产业结构的演化具有深刻的影响，产业内部的竞争程度也影响着技术变化的过程，在协同演化的构造中，技术创新政策起了至关重要的作用，如专利系统决定了创新的模仿程度，技术转移政策建立了基础研究和应用研究之间的关系，信息和扩散政策及公共研究计划则提供了一系列的技术机会；另一方面，技术创新政策也必须适应于特定的技术和产业结构环境，如知识和技术的类型，技术的成熟程度等。可见，技术创新政策与产业政策、科学技术政策相互推进，协调发展，推动着中国经济进入高速增长时期，也促使中国创新发展进入国际合作的快速发展时期。创新政策会影响创新能力、创新环境、创新人才、创新成果转化，以及企业竞争力。创新政策和外资政策等政策的实施推动了创新活动走向国际化发展，通过科技创新和产业创新进一步促进经济增长，其中科技创新包括以大学和科研院所为创新主体的知识创新和以企业为创新主体的技术创新，产业创新则由传统产业不断向高新技术产业和绿色技术产业转型；政府主导的创新活动走向国际化，进而推动经济增长，有利于政策的不断完善。创新政策对创新国际化促进经济增长的作用机理见图 3－1。

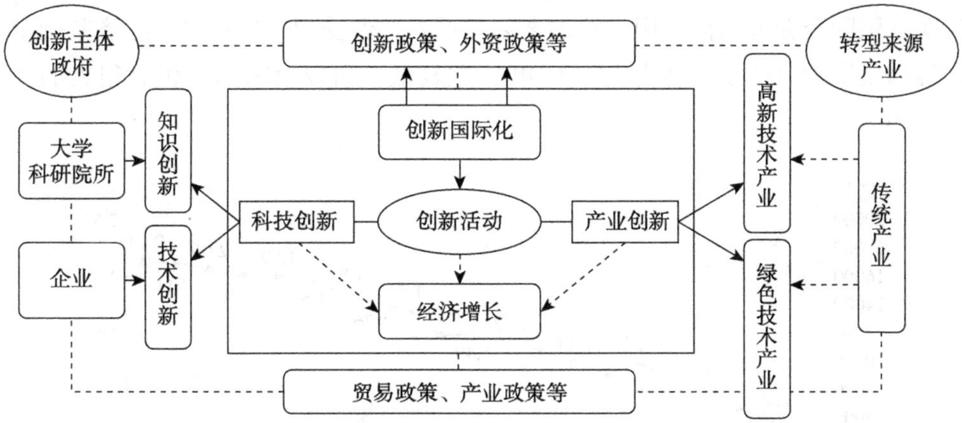

图 3－1　创新政策对创新国际化促进经济增长的作用机理

第二节　国际金融危机前：以技术引进为主要方式

一、以外部技术驱动的创新国际化

（一）研发投入打下坚实的研发创新基础

改革开放以来，中国陆续颁布了一系列鼓励创新发展的创新政策，将改革重心推向持续的创新上来。2006 年颁布的《国家中长期科学技术和技术发展规划纲要（2006—2020 年）》明确指出，将创新作为一项新的国家战略，并确立了 2020 年跻身创新型国家的发展目标，经济增长模式也因创新驱动，由长期依赖出口导向和低成本制造模式转变为以知识为基础的可持续发展模式。研发投入（研发支出①）作为衡量一国创新投入程度的关键指标，在创新活动中发挥着不可或缺的基础作用。中国的研发支出从 1997 年的 481.5 亿元上升到 2007 年的 3710.2 亿元，增长了约 6.7 倍，增长速度惊人，而 2008—2017 年研发支出增长为 2.8 倍，可见，国际金融危机前的研发支出增长更加快速；从研发经费支出占 GDP 比重来看，2008 年以前始终未突破 2%（见图 3－2）。从全球范围看，美国、日本、韩国是世界研发的主力军，这些国家的研发支出大多维持在占 GDP 总值的 3% 左右，高于世界水平（约 2%）（见图 3－3），其中，韩国增长速度最快。这一时期，中国的研发支出占比虽然取得了显著增长，但远低于美国、日本和韩国，也低于世界水平（2012 年后逐渐接近世界水平），说明在国际金融危机前中国虽然加大创新投入，但受到人口众多、经济基础薄弱等因素影响，研发经费支出占 GDP 比重较低，研发投入力度仍有很大的提升空间。

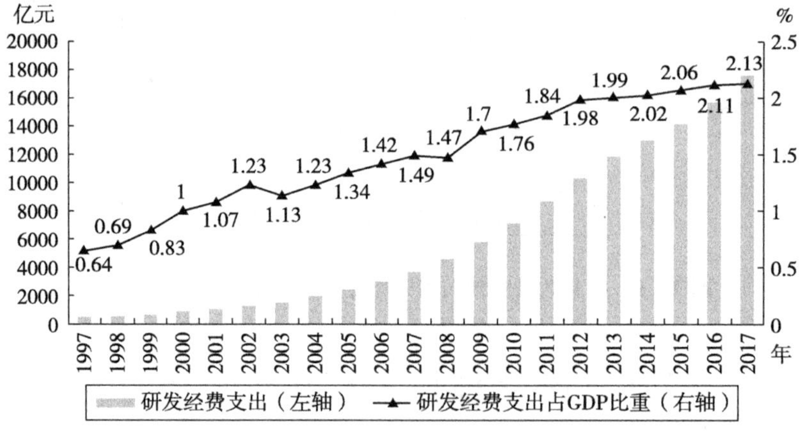

图 3－2　1997—2017 年中国研发经费支出及其占 GDP 比重

［资料来源：中国统计年鉴（2002—2018 年）］

① 研发支出是指系统性创新工作的经常支出和资本支出（国家和私人），其目的在于提升知识水平，包括人文、文化、社会知识，并将知识用于新的应用。研发包括基本研究、应用研究和实验开发。

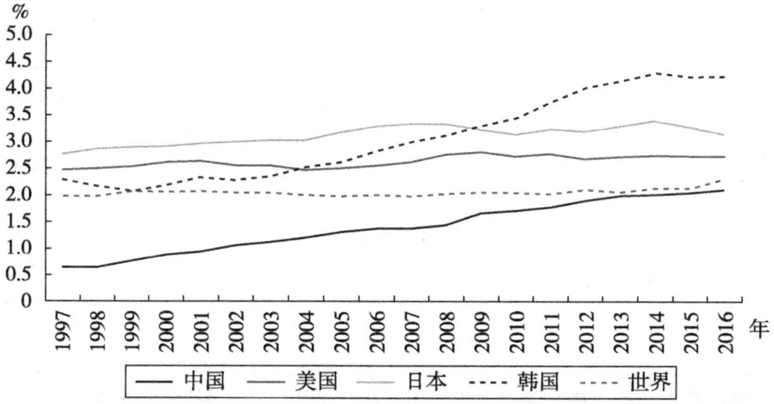

图 3－3　中国、美国、日本、韩国及世界研发支出占 GDP 比重趋势

（资料来源：世界银行数据库）

（二）教育投入和研发人员投入体现了较强的创新潜力

教育可以培养国家创新人才，一个国家或地区的发展潜力和发展速度与教育投入密切相关。教育投入具有长期持续性，只有经过一段时期的教育投入，才能看到教育投入带来的回报。教育投入可以提高研发人员的数量和质量，是一国创新潜力的体现。在中国，教育经费①主要是指国家用于发展各级教育事业的费用。据统计，2005—2007 年教育经费由 8419 亿元上升到 12148 亿元，增长了 44.3%；而国际金融危机后虽有大幅提升，但波动较大，到 2017 年开始下降，由于我国人口众多，人均获得的教育经费仅为 3100 元左右，和美国、日本等国家和地区有一定的差距（见图 3－4）。

人力资源和资本投入都是创新储备的重要组成部分，研发人员投入是一国创新走向国际化不可缺少的一部分，尤其在知识型经济转型的进程中，需要大量的研发人员开展大规模的研发活动，进行不断创新。1998—2008 年，中国的研发投入人员数量剧增（见图 3－5）。中国研发人员全时当量由 1998 年的 75.5 万人增加到 2008 年的 196.5 万人，增加了 1.6 倍；金融危机后由 229.1 万人上涨到 2017 年的 403.36 万人，增长了 76.1%，可见，国际金融危机前这一时期研发人员投入增长更加显著。

① 教育经费是指中央和地方财政部门的财政预算中实际用于教育的费用，包括教育事业费（各级各类的学校的人员经费和公用经费）和教育基本建设投资（建筑校舍和购置大型教学设备的费用）等。

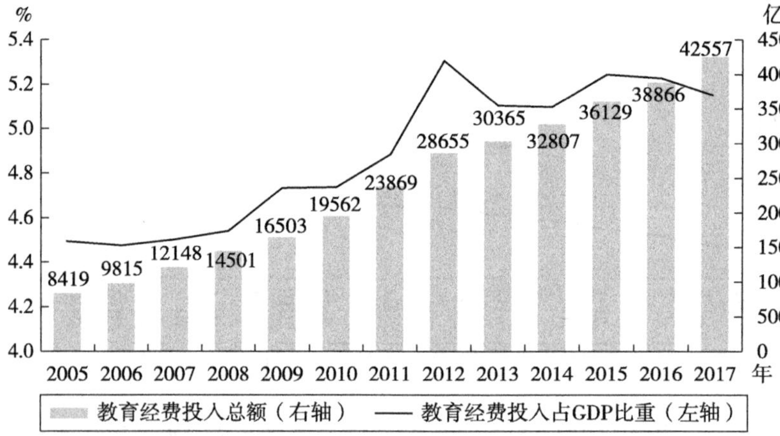

图 3－4　2005—2017 年中国教育经费投入情况

（资料来源：2017 年中国教育经费统计快报和 2018 年中国统计年鉴）

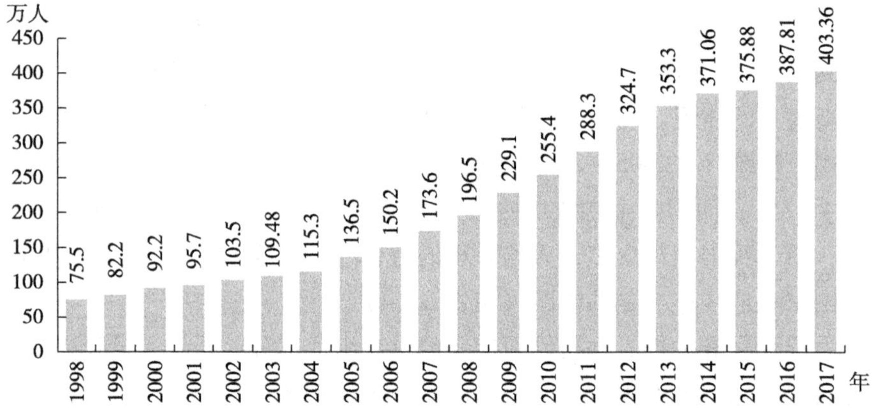

图 3－5　1998—2017 年中国研发人员投入情况

（资料来源：中国统计年鉴，2003—2018 年）

从全球范围来看，大量的研发人员投入是中国走向创新国际化发展之路的重要因素之一，这一时期中国的研发人员总量较高，但以每百万研发人员投入数量来衡量，则远低于美国、日本、韩国和欧洲及中亚地区，基本与亚洲及太平洋地区的研发人员投入数量相当，处于较低水平（见图 3－6）。2010 年以前，日本的研发人员投入最高，美国次之，两国呈现出缓慢而平稳的增长态势，且越来越接近；韩国虽然起步不如美日，但上涨速度最快，2010 年已超越日本成为研发人员投入最高的国家。可见，国际金融危机前中国的研发人员投入水平相对较低，如何提高研发人员投入的数量和质量成为这一时期中国创新国际化发展的重要因素。

可见，国际金融危机前中国的研发投入、教育经费投入和研发人员投入虽有所增长，但较其他国家来看仍处于较低水平，这一时期中国还没有进入内部创新驱动阶段，仍需要靠外部技术驱动国家创新能力的成长。

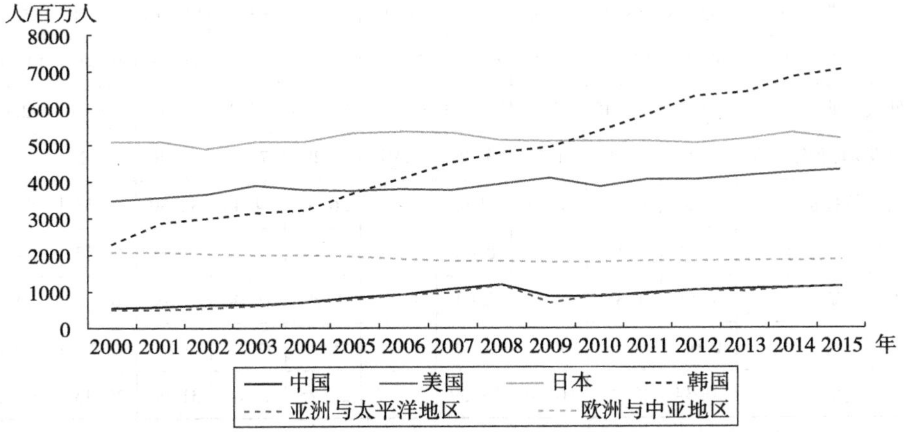

图 3－6　中国、美国、日本、韩国，以及亚洲、欧洲地区研发研究人员投入数量（2000—2015 年）

（资料来源：世界银行数据库）

（三）跨国合作推动这一时期的技术引进

中国加入世界贸易组织以来，开放程度不断深化，跨国间合作往来日益密切，跨国公司与中国的贸易投资和技术合作也越加频繁，在全球化背景下跨国合作与技术创新之间关联更加密切。这一时期，跨国合作的主要形式是通过跨国公司实现技术转移。2002 年全球跨国公司数量为 64000 家，到 2008 年增加到 82000 家，跨国公司进行大量的投资研究与开发，20 世纪 90 年代末以来，跨国公司在中国加大投资研究开发项目，使中国成为地区研发中心。由于技术是跨国公司对外直接投资的前提，外商直接投资一般都与技术的转移相结合，因此，外商直接投资就成为技术转移的一种主要方式。此外，购买许可证、合作生产、合资经营、补偿贸易和咨询服务等方式也极大地推动着这一时期中国与别国的跨国合作，使技术引进成为推动这一时期创新国际化发展的主要方式。国际金融危机前，外商直接投资呈上升趋势，其中合资经营企业实际使用金额占比最大，外资企业次之，可见，跨国合作推动了金融危机前这一时期的技术引进（见表3－5）。

表3－5　　1998—2007年外商直接投资等实际使用金额　　单位：亿美元

指标	1998年	1999年	2000年	2001年	2002年	2003年	2004年	2005年	2006年	2007年
外商直接投资	454.63	403.19	407.15	468.78	527.43	535.05	606.30	603.25	630.21	747.68
合资经营企业	183.48	158.27	143.43	157.39	149.92	153.92	163.86	146.14	143.78	155.96
合作经营企业	97.19	82.34	65.96	62.12	50.58	38.36	31.12	18.31	19.40	14.16
外资企业	164.70	155.45	192.64	238.73	317.25	333.84	402.22	429.61	462.81	572.64
外商投资股份制企业	7.07	2.9	1.3	5.28	6.97	3.28	7.77	9.18	4.22	4.92
外商其他投资	20.95	21.28	86.41	27.95	22.68	26.35	34.43	34.80	40.55	35.72
对外发行股票	6.22	6.10	69.30	8.48	—	2.75	6.95	1.60	13.55	4.02
国际租赁	3.73	1.85	0.34	1.04	1.31	1.29	0.38	1.08	0.36	1.80
补偿贸易	0.65	0.13	0.11	0.03	0.04	0.07	0.05	0.16	0.21	0.18
加工装配	10.34	13.21	16.66	18.39	21.33	22.25	27.05	31.96	26.43	29.72

资料来源：中国统计年鉴，1999—2008年。

二、创新产出绩效

知识产权是指人类智力劳动产生的智力劳动成果所有权，是依照各国法律赋予符合条件的著作者、发明者或成果拥有者在一定期限内享有的独占权利，保护知识产权的三大支柱是专利权、商标权和版权。随着新技术、新知识的不断涌现，高科技产品的专利授权成为知识经济时代背景下知识产权保护的重点，也可以作为衡量创新产出和评估创新质量的重要指标。专利申请总量是衡量创新总体产出水平的常用指标之一，1998—2008年中国专利申请和专利授权数量逐年增长，仅1998—2005年专利申请量增长了近3倍，专利授权量增长相对较少，约为2倍（见表3－6）。可见，中国对知识产权的保护意识不断提高，也是研发投入不断提升的结果，尤其在2006年实施国家创新战略以后，中国的专利申请数量增速越加显著，2008年中国专利申请量达828328件，专利授权量上涨到411982件，分别为1998年数量的6.79倍和6倍。

表 3－6　　1998—2008 年中国专利申请量及专利授权量　　单位：件

专利	1998 年	1999 年	2000 年	2001 年	2002 年	2003 年	2004 年	2005 年	2006 年	2007 年	2008 年
专利申请量	121989	134239	170682	203573	252631	308487	353807	476264	573178	693917	828328
专利授权量	67889	100156	105345	114251	132399	182226	190238	214003	268002	351782	411982

资料来源：中国统计年鉴，2003—2009 年。

衡量创新产出的另一指标是发表学术科技论文的数量，尤其是在世界范围内发表科技论文的数量。2006—2008 年，中国发表科技论文数量逐年递增，由 106 万篇增长到 125 万篇，增长了 15.2%，发表科技论文的主体部门包括科研机构和高校。这一期间科研机构和高校发表科技论文数量均呈上升趋势，其中，高校发表科技论文数量及增长幅度都远高于科研机构，可见，以发表科技论文来衡量创新产出，高校是不可忽视的重要方面。从国外发表科技论文数来看，高校和科研机构都不及国内发表科技论文数量多，但 2006—2008 年，国外发表论文一直呈上升态势，且高校的国外发表科技论文数量高于科研机构（见表 3－7）。2005—2007 年，外国检索工具收录中国科技论文数不断增加（见表 3－8）。国外发表的科技论文和外国检索数量不断上升，在一定程度上反映了创新产出的国际化趋势越加显著。

表 3－7　　2006—2008 年国外发表科技论文数量　　单位：篇

年份	发表科技论文	科研机构国内	高校国内	国内发表	科研机构国外	高校国外	国外发表
2006	1057478	118211	830948	949159	17597	90722	108319
2007	1160835	126527	905985	1032512	19596	108727	128323
2008	1252505	132072	964877	1096949	21498	134058	155556

资料来源：中国统计年鉴，2007—2009 年。

表 3－8　　2005—2007 年国外主要检索工具收录中国科技论文情况　　单位：篇

检索工具	2005 年	2006 年	2007 年
SCI	63150	71351	79669
EI	60301	64936	75568
CPCI－S	29374	35461	41392

资料来源：中国统计年鉴，2007—2009 年。

注：SCI 指科学引文索引（美国），EI 指工程索引（美国），CPCI－S 指科技会议录索引。

此外，论文引用率可以衡量创新效率，是创新发展的重要参考依据。2009年曾有研究指出，中国的国际科学引文索引总数排名从第十四位上升到第二位（傅晓岚，2017）。科技部中国科学技术信息研究所最新发布的中国科技论文统计结果显示，1997—2007年，中国科技人员发表的国际论文共被引用10335万次。这一时期中国国际热点论文[①]数量占世界五分之一，高被引论文[②]数量世界排名第五位，美国的高被引论文数量最多，仍居第一位。中国拥有较高的研发经费支出和研发人员投入，但较低的生产研究水平表明创新能力仍需不断提高，不能单靠数量的增加，还要关注创新质量的提升。因此，如何提高创新产出质量也成为中国未来创新国际化发展需要努力的方向。

三、国际技术贸易收支

创新国际化发展的重要量化指标是国际技术流动，即技术贸易流动，它以国家间纯技术的使用权为主要交易标的，用国际技术贸易指标来衡量，包括技术流出和技术流入，即技术国际平衡中的技术贸易收入和技术贸易支出，采用知识产权使用费[③]的接收表示技术贸易收入（知识产权使用费的出口额），知识产权使用费的支付表示技术贸易支出（知识产权使用费的进口额）（见表3－9）。1995—2008年，中国的技术贸易收入和支出均呈上升趋势，知识产权使用费的进口额由1995年的49987.5630万美元上涨到2008年的1031946.6356万美元，增长了19.6%，绝对额明显高于出口额（由5380.9879万美元上涨到57053.6223万美元，增长了9.6%），技术贸易失衡逐年递增，可见，国际金融危机前中国的技术创新主要依靠大量的技术引进，知识产权使用费逆差较大，技术贸易流动以技术贸易支出为主，创新国际化主要表现在对技术的“引进来”。

① 近两年间发表的论文在最近2个月得到大量引用，且被引用次数进入本学科前1‰的论文称为热点论文。

② 各学科论文在2007—2017年被引用次数处于世界前1%的论文称为高被引论文。

③ 知识产权使用费来源于版税与许可费，是指居民和非居民之间为在授权的情况下使用无形、不可再生的非金融资产和专有权利（如专利、版权、商标、工业流程和特许权），以许可的形式使用原创产品的复制真品（如电影和手稿）而进行的付款和收款。

表 3－9　　1995—2008 年中国技术贸易进出口额　　单位：万美元

年份	知识产权使用费接收（技术贸易出口）	知识产权使用费支付（技术贸易进口）	技术贸易失衡（进口 > 出口）
1995	5380.9879	49987.5630	44606.5751
1996	5499.7800	52198.7000	46698.9200
1997	5500.0000	54300.0000	48800.0000
1998	6300.0000	42000.0000	35700.0000
1999	7500.0000	79200.0000	71700.0000
2000	8034.8000	128097.0000	120062.2000
2001	11000.0000	193800.0000	182800.0000
2002	13282.2321	311400.4041	298118.1720
2003	10697.8898	354812.6752	344114.7853
2004	23635.9258	449660.4796	426024.5537
2005	15740.1786	532125.3863	516385.2078
2006	20450.3785	663408.1020	642957.7235
2007	34263.4075	819206.7402	784943.3327
2008	57053.6223	1031946.6356	974893.0133

资料来源：世界银行数据库。

从各国技术贸易的收支情况来看（见图 3－7），显然美国的出口额远远高于其他国家，且呈上升趋势；其他国家也逐渐上升，但出口额远低于美国，尤其是亚洲国家和东欧转型国家；欧盟国家和日韩两国的知识产权使用费出口仅次于美国，明显高于中国。可见，中国的技术贸易收入相对美国、日本、韩国和欧洲国家处于较低水平，只有不断创新产品与技术，才能取得出口竞争优势，进而加强技术贸易流入，促使创新国际化发展以推动经济增长。国际金融危机前这一时期中国的技术贸易出口始终处于较低水平。

图 3－8 为各国技术贸易支出即技术贸易的进口情况，可以看出，各国知识产权使用费支出基本呈上升趋势。意大利在 2007 年以后出现下滑态势；俄罗斯在 2014 年以后有所下降；荷兰在 2003 年进口额骤增，且涨幅显著，2005 年超越美国成为知识产权进口最多的国家；亚洲地区知识产权的进口普遍高于欧洲国家，印度相对较低，但仍高于东欧转型国家（波兰、匈牙利、捷克），中国作为亚洲地区涨幅最明显的国家，已超过日本，成为技术贸易流入大国。

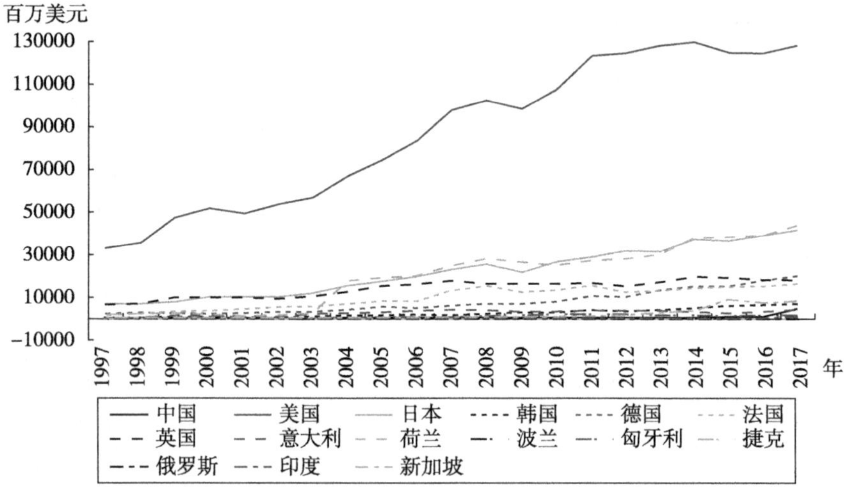

图 3－7　1997—2017 年世界各国知识产权使用费接收情况

（资料来源：世界银行数据库）

实践证明，国际金融危机前中国通过大量引进知识产权，不断学习借鉴，从技术模仿开始，逐渐转向自主创新，进一步推进创新国际化发展，并从中受益。

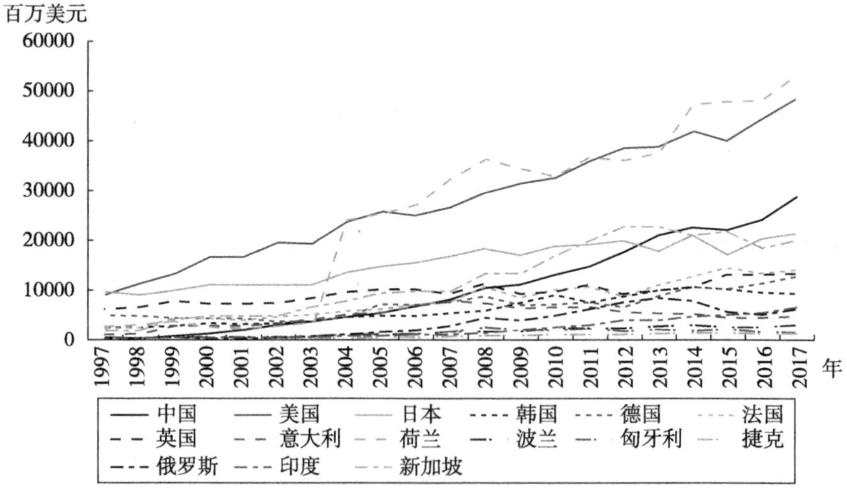

图 3－8　1997—2017 年世界各国知识产权使用费支出情况

（资料来源：世界银行数据库）

从技术合作捐助[①]来看，中国改革开放以来保持着持续上涨的技术合作捐助，2008年左右达到高峰点，直至2010年后开始下降，达到20世纪90年代末期水平。2006年中国加大了创新政策支持力度，此后，中国在国际间的技术流动明显加快了脚步，用于一般性国家能力建设抑或是投资项目的技术和管理技能转让获得了更多的国际支持。

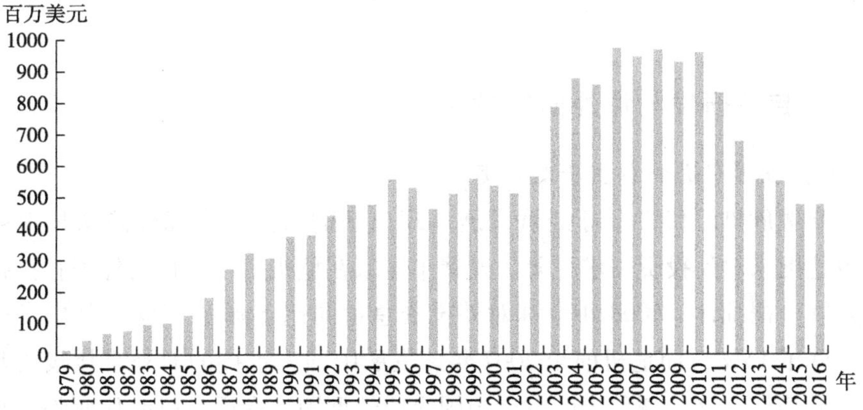

图3-9　1979—2016年中国的技术合作捐助

（资料来源：世界银行数据库）

可见，中国很早就有合作捐助形式的国际技术流入。国际技术流动仍以技术贸易的流动为主，且技术贸易流入远远超过技术贸易流出，即技术贸易支出远大于技术贸易收入。中国作为发展中国家，是技术创新的模仿国，首先是从发达国家即创新国引进先进技术，技术流入后进行模仿创新，随着技术的不断进步，创新实力逐渐增强，由于相对较低的成本，在新产品开发方面较创新国有明显的竞争优势，因此模仿国在国家间的新技术和新产品出口额不断增加。由于技术贸易进出口表现的创新国际化趋势越加显著，各国创新国际化发展对其贸易往来及经济增长起到了一定的推动作用。

在国际金融危机前，中国的研发投入虽逐年递增，但研发支出占比水平相对不高，技术创新主要依靠外部技术引进，创新国际化发展呈现出以“引进

① 技术合作捐助包括独立技术合作捐助和与投资有关的技术合作捐助，前者旨在为用于一般性国家能力建设而非具体投资项目的技术和管理技能转让或技术转让提供资金；后者用于增强某一具体投资项目的执行能力。

来”为主要方式的外部技术驱动模式，但全球化发展推动了各国间的贸易往来，技术合作频繁，使中国在这一时期通过跨国合作等方式以较低的成本获得了较高的技术回报。

第三节　后金融危机时代：自主研发与技术“走出去”的双向互动

一、自主研发与海外研发投入

（一）技术引进向自主研发转变

后金融危机时代，全球经济发展呈现出新的特点。全球经济增长速度放慢，发达国家对外投资需求下降，发展中国家在危机后可获得的外国直接投资不断下降。据统计，2008 年全球对外投资总量同比下降了 21%，其中发展中国家下降了 15%；而危机前至 2007 年，发展中国家承接的对外直接投资基本保持上升趋势。这一现象表明发展中国家或转型国家在后危机时代面临着较为严峻的外部经济环境，中国在这一时期的创新国际化发展模式也随之发生变化。2014 年，中国的研发经费支出占比已超过 2%，说明中国加大了创新投入，技术创新开始转向内驱模式；同时，这一时期的引进国外技术经费支出和引进技术消化吸收经费支出呈现下降趋势（见表 3－10），创新国际化模式开始由外部引进转向自主研发；与此同时，中国也加大了与新兴经济体的区域合作以及“一带一路”倡议实施以来与中东欧等国家的不断合作，在一定程度上说明中国创新国际化发展正在转向技术“走出去”模式。

表 3－10　2011—2017 年中国引进国外技术经费支出和引进技术消化吸收经费支出　单位：亿元

年份	引进国外技术经费支出	引进技术消化吸收经费支出
2011	449. 0	202. 2
2012	393. 9	156. 8
2013	393. 9	150. 6
2014	387. 5	143. 2
2015	414. 1	108. 4

续表

年份	引进国外技术经费支出	引进技术消化吸收经费支出
2016	475.4	109.2
2017	399.3	118.5

资料来源：中国统计年鉴，2012—2018 年。

（二）研发支出占比、教育经费投入和研发人员投入不断提高

数据显示，2014 年中国研发经费支出占比超过 2%，2017 年为 2.13%，这一比重体现了后金融危机时代中国较高的研发投入水平，但《国家中长期科学技术和技术发展规划纲要（2006—2020）》提出，2020 年研发投入占 GDP 比重达到 2.5% 水平。从获得资金支持的来源渠道看，这一时期中国研发投入主要来源为政府资金和企业资金。2008—2017 年数据显示，企业成为中国研发投入最大的资金来源（见图 3 - 10）。企业研发经费支出增长越来越显著，由 2008 年的 3311.5 亿元上涨到 2017 年的 13464.9 亿元，占两项资金来源的 79.42%，在一定程度上说明企业在创新活动的复杂程度和创新体系结构变化中发挥了越加突出的作用，企业自主创新的经费投入对中国创新发展的推动作用不可忽视。

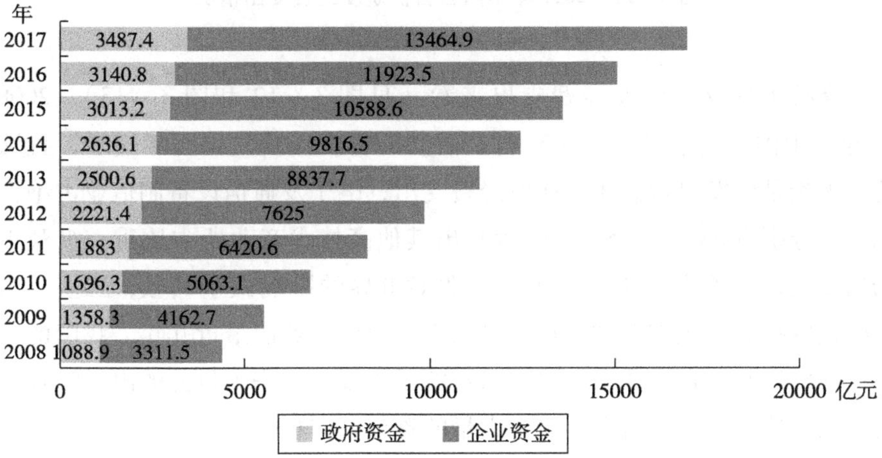

图 3 - 10　2008—2017 年中国研发资金来源：政府资金和企业资金

（资料来源：中国统计年鉴，2009—2018 年）

从中国国内的创新发展区域来看，存在极大的不平衡（见图 3 - 11）。江

浙一带研发经费支出普遍较高，西北各省相对较低；2017 年，研发经费支出排名前五的地区分别是广东、江苏、山东、浙江和上海，远远超过其他地区的研发经费投入。可见，研发投入存在较大的区域差异，其中沿海地区吸引了较大规模的研发投入，而内陆地区虽然也在努力追赶，但速度缓慢，仍缺乏创新投入，这一方面是由于经济发展需要较高的研发投入，同时研发投入的加大有助于推动经济增长；另一方面也与中国的产业结构及区域政策密切相关。

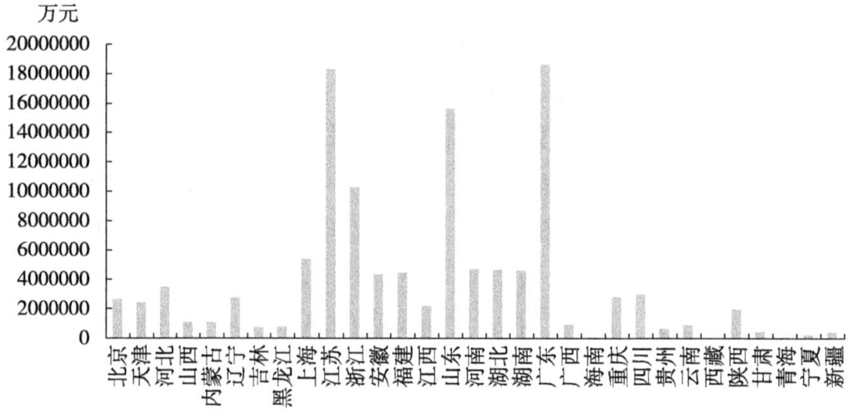

图 3 - 11　2017 年中国各省份研发经费支出情况

［资料来源：中国统计年鉴（2018 年）］

从高技术行业的研发经费支出来看（见图 3 - 12 和图 3 - 13）。2008—2017 年，中国高技术（制造业）科技活动的研发经费支出逐年递增，且涨幅显著。无论是研发机构数还是研发经费支出，电子及通信设备制造业占绝大部分比重，分别占 53% 和 65%，远远超出其他高技术产业所占比重。纵观手机市场的发展，中国十几年前的手机行业对世界的影响微乎其微，三星、诺基亚、摩托罗拉等占领着全球手机市场的主导地位。然而最近几年，我国的智能手机厂商已经开始在全球市场具有一定的话语权，如华为目前的出货量在全球排名前三，这与华为在研发上投入大量的资金紧密相关。

从教育经费投入来看，2016 年中国教育经费总投入为 38866 亿元，较上年增长 7.57%，其中国家财政性教育经费为 31373 亿元，增长 7.36%；2017 年中国教育经费总投入高达 42557 亿元，近年来，中国的教育经费投入正逐年增加，基本维持了年均 8% 的增长，教育经费投入占 GDP 比重从 2005 年的

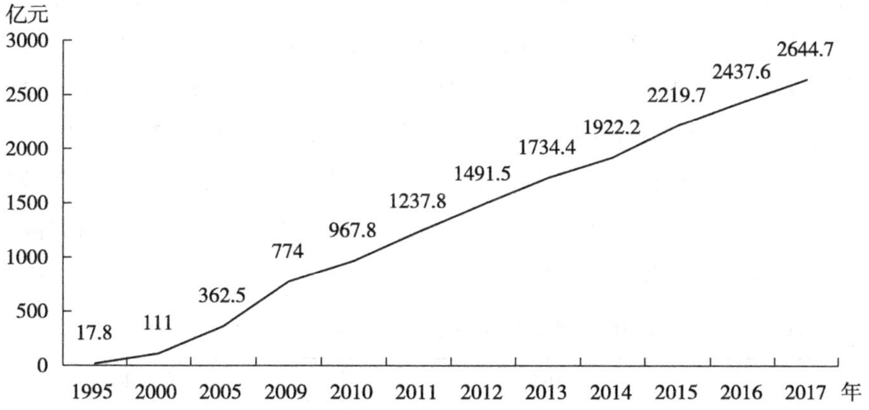

图 3－12 1995—2017 年中国高技术产业（制造业）科技活动研发经费支出趋势

（资料来源：中国统计年鉴，2009—2018 年）

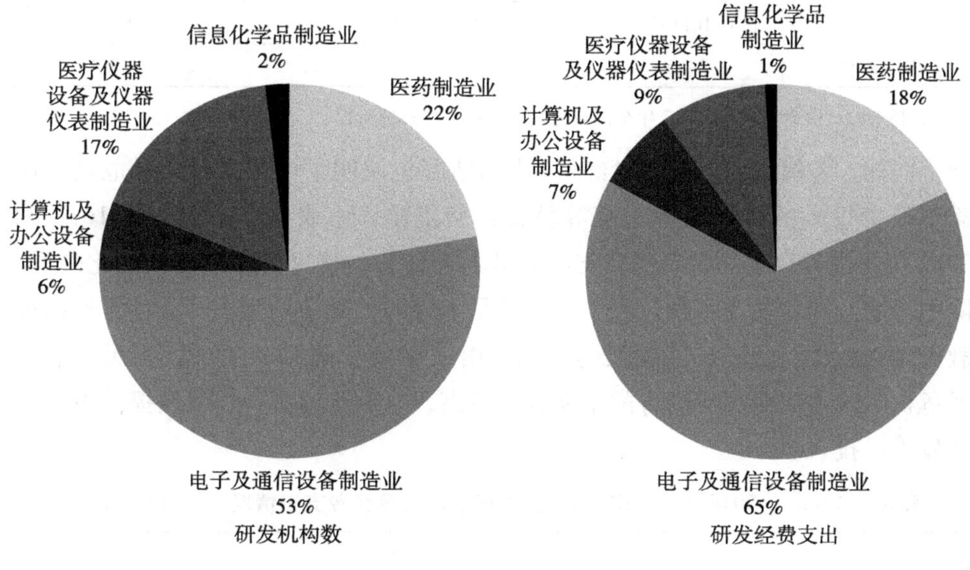

图 3－13 2017 年中国高技术产业（制造业）研发情况

［资料来源：中国统计年鉴（2018）］

4.5% 上涨到 2017 年的 5.1%，2012 年占比最高，达 5.3%，这一年是中国从教育大国向教育强国转变过程中的重要节点，显示了中国在教育上加大投入的决心，促进了国家整体科技水平的提升，为国家创新发展注入了前进动力，在国际创新领域逐渐缩短了与发达国家或地区的差距。从中国各级教育经费投入情况（见表3－11）来看，义务教育经费投入占绝大部分比重，其次为高等教育，这一现象反映出这一时期中国教育结构的特点；学前教育和其他教育经费投入占比较小，但涨幅较明显，其他经费投入由2016年的－7.78%升至2017年的－0.13%，高等教育经费投入比上年增长幅度由6.22%增加到9.72%，说明中国在这一时期越来越重视高等教育的专业人才培养，正在为培养高端顶尖的国际化创新人才做充分准备。

表3－11　　2016年和2017年中国各级教育经费投入　　单位：亿元,%

各级教育	2016年		2017年	
	投入总额	比上年增长	投入总额	比上年增长
学前教育	2802	15.48	3255	16.11
义务教育	17603	9.76	19358	9.96
高中教育	6155	6.75	6637	7.82
高等教育	10110	6.22	11109	9.72
其他教育	2195	－7.78	2198	－0.13

资料来源：由2016年和2017年全国教育经费统计快报整理所得。

同样，各级教育生均教育经费①支出情况也说明了中国在后金融危机时代教育经费投入的重点倾向于高等教育经费支出，由表3－12可知2016年和2017年各级教育生均教育经费支出均呈上升趋势；从这两年的涨幅变化来看，除中等职业和普通高等学校较上年增长是上升的，其余均为下降，且普通高等教育生均教育经费支出涨幅最为明显，由3.35%上涨为9.75%，可见，后金融危机时代中国对高等教育的重视程度较高，有助于为高科技领域提供更多的研发人员投入。

表3－12　　2016年和2017年各级教育生均教育经费支出情况　　单位：元,%

各级教育	2016年		2017年	
	生均教育经费支出	比上年增长	生均教育经费支出	比上年增长
幼儿园	8626	15.97	9770	13.21

① 生均教育经费，即在一定地区范围内（如某省、某市），按照当地的经济发展水平和教育发展实际，由政府制定的财政年度预算的依据，同时也是当地财政部门按照当地计划内在读学生数额，向相关教育部门拨款的依据，是衡量对教育投入增长的重要指标。

续表

各级教育	2016 年		2017 年	
	生均教育经费支出	比上年增长	生均教育经费支出	比上年增长
普通小学	11398	8.88	12177	6.82
普通初中	16010	10.50	17547	9.60
普通高中	16781	11.34	18575	10.7
中等职业学校	16985	8.03	18364	8.11
普通高等学校	30457	3.35	33481	9.75

资料来源：由 2016 年和 2017 年全国教育经费统计快报整理所得。

从研发人员投入来看，2008 年以来逐年增加，并且试验发展研究人员占绝大部分比重，上涨速度最显著，可以说中国研发研发人员投入的增长主要是由于从事试验发展研究人员的迅猛增长，基础研究和应用研究的科研人员数量提升幅度较小（见图 3－14）。

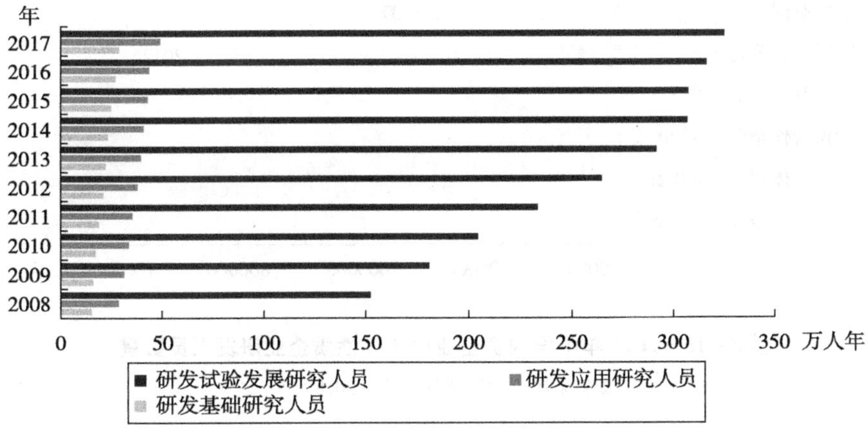

图 3－14　2008—2017 年研发人员投入的行为类型

（资料来源：中国统计年鉴，2003—2018 年）

从研发人员所属不同实体单位来看，企业拥有研发人员所占比例较大，2017 年达 325.4 万人，远高于高校和研发机构研发人员投入数量；从不同性质企业的研发人员投入数量来看，内资企业研发人员投入数量远高于港澳台和外商投资企业研发人员投入数量（见表 3－13）；在内资企业中有限责任公司、私营公司和股份有限公司的研发人员投入数量占较大比重（见图3－15）。可见，中国的研发人员投入大部分集中在企业，且内资企业研发人员投入较多，这与中国庞大的人口基数密不可分，也是中国在研发人员投入数量上具备优势特点的核心因素，但如何发挥研发人员数量优势、提高创新质量对中国而言仍是一个挑战。

表3－13　　2017年不同实体及不同性质企业的研发人员投入

不同实体研发人员投入	数量（万人）	不同性质企业研发人员投入	数量（人）
企业	325.4	内资企业	2119652
高等教育	91.4	港澳台商投资企业	303102
科学研究与开发机构	46.2	外商投资企业	313490

资料来源：中国统计年鉴（2018年）。

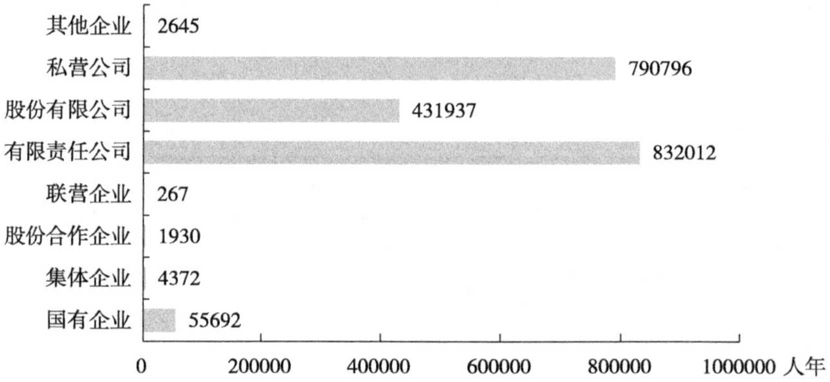

图3－15　2017年中国内资企业中不同性质企业研发人员数量

［资料来源：中国统计年鉴（2018年）］

从高技术产业（制造业）研发人员投入来看，2010—2017年高技术各行业的研发人员投入数量呈上升态势，其中占较大比重数量的行业为电子及通信设备制造业，远高出其他行业研发人员投入数量（见表3－14），这与中国高技术产业各行业的研发经费支出相一致。从华为的发展可以看出中国在电子及通信设备行业的研发投入人员数量和经费支出都占有相当分量，也正因为华为较高的研发投入使华为成为全球手机行业的佼佼者。

表 3－14　　2010—2017 年中国高技术产业（制造业）研发人员全时当量人数　　单位：人年

行业	2010 年	2011 年	2012 年	2013 年	2014 年	2015 年	2016 年	2017 年
医药制造业	55234	93467	106684	123200	133902	128589	130570	121517
电子及通信设备制造业	211512	272062	340679	356885	380683	402513	416806	436335
计算机及办公设备制造业	68510	49248	62783	59940	60181	57035	49005	57753
医疗仪器设备及仪器仪表制造业	35570	64068	70029	82322	85631	83521	86292	85798

资料来源：中国统计年鉴，2011—2018 年。

从中国各地区研发人员投入来看，2017 年排名前五的省份分别为广东、江苏、浙江、山东和河南（见图 3－16）。江浙一带和广东地区的研发人员投入占绝大部分比重，明显高于其他地区，这与研发经费支出（前五位分别为广东、江苏、山东、浙江和上海）基本一致，可见，研发人员投入也与研发经费投入一样存在较大的地区差异。由于改革开放以来的创新政策支持和出口导向型的工业化进程加剧，东部沿海地区以惊人的速度实现了经济赶超，广东和江浙地区具备创新投入的优势力量，在中国走向创新国际化发展道路上发挥着重要的作用。

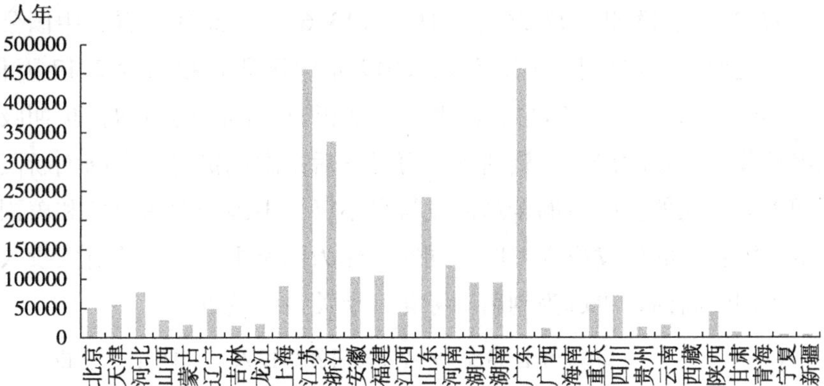

图 3－16　2017 年中国各地区研发人员全时当量

［资料来源：中国统计年鉴（2018 年）］

总之，大部分研发人员投入集中在企业进行试验发展研究，电子及通信设备制造业研发人员投入最多，且沿海地区投入较大，广东省成为目前研发人员投入最活跃的省份之一，与华为企业研发人员投入有着密切联系。华为不仅注重研发投入，也关注外海的研发人员投入。截至2012年底，华为共拥有来自156个国家和地区的超过15万名员工，其中研发人员占员工总数的45.36%，外籍员工3万余人；截至2015年底，华为员工总数约17万人，来自全球163个国家和地区，其中研发人员占员工总数比例约为45%，海外聘用员工总数超过3.4万人，海外员工本地化率达到72%；截至2017年，华为从事研究与开发员工约8万名，占华为总人数的45%。华为不仅在海外设立诸多研究所，还在全球设立了36个培训中心，为当地培养技术人员，并大力推行员工的本地化①，加强了国际竞争实力，推动了后金融危机时代中国创新国际化的进一步发展。

（三）海外研发投入力度不断提升

从全球范围内的研发投入来看，2018年欧盟最新的工业研发投资排名，对全球46个国家和地区的2500家公司2017—2018年度的研发投入情况进行了汇总，结果显示榜单排名前10名中美国企业占半数，处于全球研发投入总量的领先地位（见表3－15）；前50名中中国公司仅华为一家上榜，排名第五；前100名中，中国企业上榜11家，基本与互联网科技公司相关，包括百度、阿里巴巴、腾讯、台积电、联发科、中兴等；在2500家公司总计7364亿欧元的研发投入（见表3－16）中，来自中国的公司占比仅为9.7%，排名低于美国（37.2%）、欧盟（27.2%）、日本（13.6%）。总体上看，中国公司的研发投入还是偏少，但增长潜力巨大；2019年中国研发投入为2.17万亿元，占GDP比重为2.19%，大体与欧盟平均水平相当。持续的高增长预期吸引了欧盟和美日等国主要的研发投资活动，可见，后金融危机时代中国创新国际化趋势有增无减。此外，欧盟的全球研发排名不仅让中国企业认识到和美国、欧盟、日本等国企业的研发投入差距，同时，作为国家主导模式的研发投入能否推动创新利润的高回报也成为创新国际化发展关注的重点。

表3－15　　2018年世界前10名公司研发总投入　　单位：十亿欧元，%

排名	公司名称	研发投资总额	研发强度	国别
1	三星	13.4	7.2	韩国
2	Alphabet	13.4	14.5	美国

① 华为在山西吕梁成立大数据中心，引用日期为2018年8月22日。

续表

排名	公司名称	研发投资总额	研发强度	国别
3	大众	13.1	5.7	德国
4	微软	12.3	13.3	美国
5	华为	11.3	14.7	中国
6	英特尔	10.9	20.9	美国
7	苹果	9.7	5.1	美国
8	罗氏	8.9	19.5	瑞士
9	强生	8.8	13.8	美国
10	戴姆勒	8.7	5.3	德国

资料来源：European Commission, *The 2018 EU Industrial R&D Investment Scoreboard*。

表 3－16　　2018 年世界 2500 家公司研发投入全球分布情况

国家和地区	企业数	总占比
美国	778 家	37.20%
欧盟	577 家	27.20%
德国	—	10.90%
英国	—	3.90%
法国	—	3.90%
新西兰	—	2.50%
瑞典	—	1.20%
爱尔兰	—	1.10%
意大利	—	0.90%
芬兰	—	0.80%
其他欧盟地区	—	2.00%
日本	339 家	13.60%
中国（未包括台湾省）	438 家	9.70%
其他	368 家	12.40%
韩国	—	3.90%
瑞士	—	3.60%
中国台湾	—	2.10%
其他地区	—	2.80%

资料来源：European Commission, *The 2018 EU Industrial R&D Investment Scoreboard*。

注：因四舍五入，百分比加总不为 100%。

2008年以来，中国企业的研发投入也加大了“走出去”的国际化步伐，近几年逐渐建立了诸多海外研发机构，仅2016年就成立了9个海外研发中心，资本支出总额超过2.24亿美元，既包括制药和生物科技公司，也包括华为等信息通信领域的高科技企业。华为作为海外成立研发中心的先驱，早在2001年就以7.5亿美元的价格将非核心子公司Avansys卖给艾默生（Emerson），并借此在美国设立研发中心，加入国际电信联盟；2011年，华为在美国硅谷设立研发中心，投资36亿美元；2012年，继续推进全球本地化经营，在美国和波兰设立了研发中心；2013年，华为员工总数15万人，海外员工本地化比例为79%，外籍员工4万多名；2016年6月，在法国新设立的数学研究中心，为在5G等领域的基础算法研究方面打下扎实的基础。2016年，华为在美国、英国、德国、法国、俄罗斯等十多个城市设立了研究所（见表3－17），每个研究所下辖多个研发中心（一般2～4个），总数已略超过国内，研究人员总数和技术人才也非常可观，如在德国慕尼黑的研究所已拥有近400名专家，研发团队本地化率近80%。可见，华为海外研发中心遍布经济发达的欧美国家地区，在全球经济的深度融合发展以及创新国际化政策的推动下，中国企业自主创新逐渐迈开脚步，走出国门，在全球间施展拳脚，与越来越多的国家建立往来，促使中国创新由“追赶”阶段转向“自主转型”阶段。

表3－17　　华为16个海外研发中心分布及研发领域

国家	城市	研发领域
法国	巴黎	技术标准研究领域
德国	柏林	技术标准研究领域
印度	班加罗尔	技术研发领域
罗马尼亚	布加勒斯特	技术研发领域
美国	达拉斯	技术研发领域
日本	东京	技术研发领域
美国	硅谷	技术研发领域
波兰	华沙	技术研发领域
俄罗斯	莫斯科	技术研发领域
比利时	布鲁塞尔	运营商软件和业务分发平台领域
瑞典	隆德	终端领域
意大利	米兰	光电领域和微波传输领域

续表

国家	城市	研发领域
德国	慕尼黑	运营商软件、光网络和未来网络领域、机械工程和软件平台
德国	纽伦堡	能源领域
瑞典	斯德哥尔摩	无线技术领域
澳大利亚	伊普斯维奇	广电领域

资料来源：360 百科，华为技术有限公司（https：//baike. so. com/doc/3755114 – 3944874. html）。

可见，后金融危机时代中国的研发经费不仅投向国内，也逐渐转向国外，研发投入模式显现出"引进来"与"走出去"相结合，创新投入的国际化发展趋势越加显著，但受到外部约束条件变化的影响，中国在创新国际化发展进程中面临着一定的阻碍，在国与国创新发展不断深化融合的进程中，如何转变创新国际化模式，发挥中国国家主导型创新的政府职能及市场机制的作用，以便获取较高的创新投入回报，将会是今后关注的重点。

二、高技术产品或服务与技术"走出去"

后金融危机时代，全球经济发展放缓，世界范围内贸易保护主义重新抬头，一些发达国家不断利用知识产权、技术壁垒等措施打击发展中国家的出口。面对国际形势转变带来的不利条件，中国的高技术产品出口受到制约，但较高的研发投入与新产品创新使新产品具有一定的市场需求，这一时期新产品的出口额基本保持上升态势。新产品开发销售与高技术产品出口是衡量创新产出经济效益的重要指标。2006 年以来，企业新产品销售收入和新产品出口均呈上升趋势（见图 3 – 17）。2008 年国际金融危机使进出口贸易受到影响，2009 年新产品出口额有所下降，2010 年以后出口额稳步增长；2012 年，由于投入巨大的研发经费，新产品的销售收入和出口额显著提高，截至 2017 年分别增长了 42. 3% 和 37. 3% ，在一定程度上体现了中国创新产出良好的经济绩效。

从不同行业的新产品销售来看，高技术产业（制造业）具有较高的新产品销售收入和出口额，明显高于中低技术行业。将 2017 年中国高技术产业与其他行业中新产品销售额较大的几个行业进行比较（见表 3 – 18），电子及通信设备制造业新产品销售收入和出口额最高，是排名第二的计算机及办公设备制造业新产品销售收入的 5 倍、出口额的 4. 6 倍，高技术行业普遍高于中低技

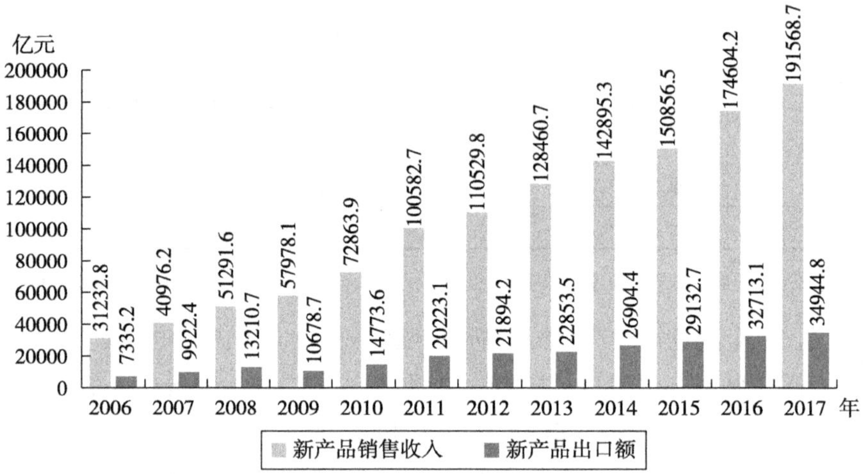

注：从2011年起，企业统计范围从主营业务收入为500万元调整为2000万元及以上。

图3－17　2006—2017年中国大中型企业新产品销售收入和新产品出口额

（资料来源：中国统计年鉴，2011—2018年）

术行业的新产品销售和出口。可见，高技术行业在创新产出所带来的经济效益方面具有绝对优势，高技术行业的创新国际化发展有助于推进中国建设创新型国家发展的进程。

表3－18　2017年跨行业创新产出：新产品销售收入和新产品出口额

单位：亿元

行业划分	行业名称	新产品销售收入	新产品出口额
高技术行业（制造业）	医药制造业	5713.2498	499.6442
	电子及通信设备制造业	35983.6799	14954.3728
	计算机及办公设备制造业	6734.2517	3250.7303
	医疗仪器设备及仪器仪表制造业	2750.8155	400.7544
中低技术行业（销售额较高行业）	煤炭开采和洗选业	1009.0782	25.4303
	农副食品加工业	3360.1202	167.7884
	造纸及纸制品业	2429.0960	170.1063
	文教、工美、体育和娱乐用品	1492.0826	540.6833

资料来源：中国统计年鉴（2018年）。

从不同地区规模以上工业企业的新产品开发来看，2017年中国规模以上工业企业新产品销售收入排名前五位的分别是广东、江苏、浙江、山东和上海，新产品出口额排名前五的分别是广东、江苏、浙江、河南和山东（见图3－18），新产品销售与出口业绩较好的地区依旧是江浙一带和沿海地区，这与研发投入和专利申请相一致，可见，广东、江苏、浙江、山东等沿海地区省份是中国创新经济走向国际化发展的领头羊。

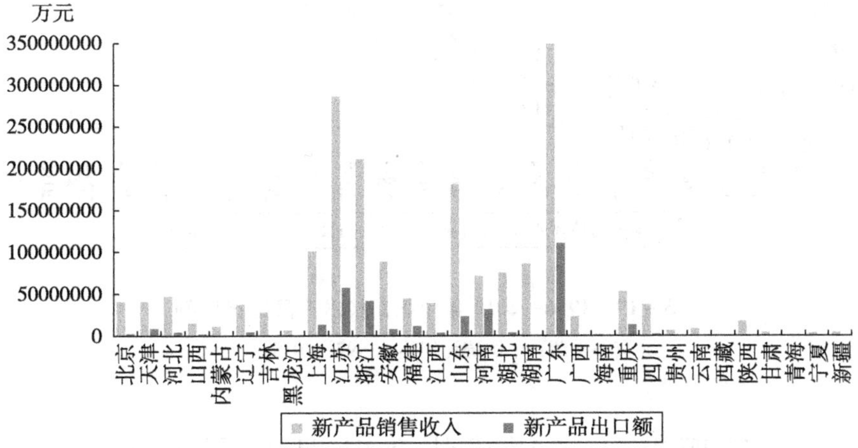

图3－18　2017年中国各地区规模以上工业企业新产品销售收入和出口额

［资料来源：中国统计年鉴（2018年）］

从高技术产品的进出口情况看，2008—2016年，中国高技术产品的进出口额均呈上升态势，出口额由4156亿美元增长到6042亿美元，增长了45.4%；进口额由3418亿美元上涨到5237亿美元，增长了53.2%，略高于出口额涨幅；并且在2004年以前，高技术产品进口额高于出口额，而2005年以后，高技术产品的出口额反超进口额，二者间差距逐渐变大，到2016年略有缩小（见图3－19）。快速增长的高技术产品贸易表明高技术产品对中国经济的影响越加明显，中国已成为高技术产品出口大国，这与中国提倡出口导向型的制造业发展密切相关，也说明在后金融危机时代中国不断实现自主创新的同时也加大了技术“走出去”的力度，创新国际化发展开始转向内外双驱模式，高技术产品进出口的快速增长在一定程度上反映了中国创新产出的国际流动，创新经济发展的国际化程度不断提升，进一步促进了中国高技术产品行业的技术创新。

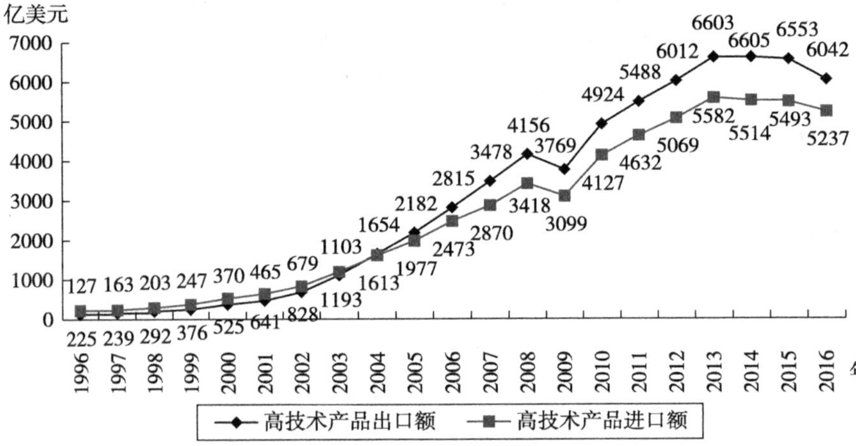

图 3－19　1996—2016 年中国高技术产品进出口额

（资料来源：中国统计年鉴，1997—2018 年）

第四节　特朗普执政时期中国创新国际化发展的挑战

一、特朗普发起对华贸易攻势的成因

特朗普发起对华贸易攻势主要有两方面原因：第一个主要原因是要缩小对华贸易逆差。早在过去几十年中，中美两国一直保持着长期的贸易关系，尤其是中国加入 WTO 以来的十多年期间，中美贸易逆差大幅度提升，据数据显示，中美贸易逆差由 20 世纪 80 年代的 6 亿美元上升到中国加入 WTO 时的 280 亿美元，到了 2017 年更增加到近 3750 亿美元，可见，中国加入 WTO 以来，中美贸易逆差上涨了十几倍。特朗普认为中美贸易存在极度不平衡，对美国经济造成极大危害，而且美国商界认为，近年来中国采取了一系列鼓励中国制造业创新的政策对美国在华企业构成了不公平竞争，使中国的外商引进环境大不如前，美国对中国施压的做法也更为频繁。面对中美贸易逆差，特朗普政府并未采用动态的市场化方法来解决，而是以行政化的手段，在一定时间内予以解决，使中美经贸摩擦不断升级。

中美经贸摩擦的另一个主要原因是美国要抑制中国的技术进步，特别是高新技术的发展。华为5G技术实现自主研发与知识产权保护的新高度，带给美国极大的冲击。2019年5月，美国封杀华为5G技术事件愈演愈烈，中美经贸摩擦冲突进入白热化阶段。中美经贸摩擦的背后实质是“科技战”，美国意图封锁中国已取得领先地位的通信行业，在一定程度上说明中国通信产业链具备短期难以替代的技术和成本优势等特点。华为不仅每年投入高达100亿美元的研发经费，实现5G技术的自主创新，同时也不断加强知识产权保护意识。世界知识产权组织（WIPO）2018年数据显示，50.5%通过该组织提交的国际专利申请来自亚洲，其中华为排名第一，国际专利申请量高达5450件，比2017年的4024件专利申请量增加了1400多件，远远高于其他公司，这一申请量创下WIPO历史上由一家公司提交国际专利申请数量最多的纪录，其中三成是5G专利，这也奠定了华为在5G领域不可动摇的领军地位。不仅如此，华为拿下了全球第一张5G基站建设证书，在基站设置相关专利等方面也远远超过其他竞争对手。对于5G时代的到来，华为手握全球最多的5G专利，占全球5G基础专利数量约20%，高于在基带和控制上具有专利优势的高通（15%）、三星（13%）、诺基亚（11%）和爱立信（8%）。此外，华为的国际专利申请量已经接近排名第二的三菱电机株式会社国际专利申请量的2倍，足见华为技术创新的绝对优势。华为不仅具备较强的自主研发能力，也注重知识产权的保护，为中国企业走创新国际化道路指明了方向。然而，特朗普对所谓“中国不公平贸易行为”发起“301调查”，重点调查中国企业是否“涉嫌侵犯美国知识产权和强制美国企业作技术转让，以及美国企业是否被迫与中方合作伙伴分享先进技术”等议题，使华为5G技术流通受阻，中美贸易竞争与博弈呈现日益加剧的趋势。

二、中美经贸摩擦对中国创新国际化的挑战

（一）技术“走出去”受到限制

特朗普执政时期的中美经贸摩擦不断，美国认为中美双方贸易不平衡是阻碍美国经济进一步发展的重要因素，因此，在一定程度上干预中国高技术产品进入美国市场。美国长期以来始终严格限制对中国出口高技术产品，但随着中国创新国际化程度不断提升，中国的高技术产品开始走向海外市场，美国对中

国的高技术产品进口也开始进行干预，并逐渐纳入管制重点。一直以来，无论奥巴马还是特朗普执政时期，美国政府对中国崛起都采取遏制性的应对政策，前者企图通过跨太平洋伙伴关系协议围堵中国，而后者则威胁采取通过挑起经贸摩擦直接对抗中国。美国政府逐渐全方位强化出口管制体系，如 2018 年制定《出口控制法案》，进一步加强对中国高技术产品的出口管制，对最新的十四大类关键技术与产品制订了出口管制方案，明确规划中国的高科技产业，管制范围不断扩大，甚至包括中国企业在美国设立的研发分支机构所创造的科技创新成果，并且对于出口管制的执法力度更加严厉。不仅如此，特朗普不断打压中国的高科技公司。《中美两国人工智能产业发展全面解读》报告显示，目前美国和中国的人工智能企业数量分列全球第一和第二，在技术平台、自然语言处理、机器学习方法、处理器和芯片等基础技术领域，美国异军突起；在智能无人机、语音识别、自动驾驶、计算机视觉等应用领域，中国均略胜一筹。可见，特朗普执政时期，中国的高科技公司在通信、互联网、无人机等领域开始在全球发展壮大，对此，美国政府进行了大范围的打压，并运用政治、经济、司法乃至外交等措施限制中国战略性高科技企业的成长。目前，涉及通信信息产业领域 5G 无线网络制高点的国际竞争已经进入关键时期，而且中国对芯片等美国制造的核心零部件依赖度较高，美国政府通过国内立法对中国企业布设日益严密的法规限制网络，借助国内立法与执法活动的示范效应，辅以多边及双边政治运作，协调他国打压中国企业的国际生存能力，全面限制华为等中国高科技企业在美国的市场空间。美国政府还以中国高科技企业违反出口管制等法规为由，伺机对中国高科技公司予以严厉制裁。当前，美国政府针对中国高科技企业的监管与惩罚措施更为严格，美国政府正实施一场以阻止华为等中国高科技公司参与 5G 网络建设工程的全球行动。此外，从孟晚舟事件可以看出美国政府对中国高科技企业的打压方式有所变化，这种变化体现出美国政府对中国高科技企业打压与制裁的新特征。综上所述，特朗普执政以来，中国的高科技公司受到美国打压与排挤的程度日益明显，高技术产品出口受限。

（二）中美科技交流受到阻碍

特朗普执政时期，美国科技创新政策的主导作用发生变化，特朗普执政时期美国政府并未将科技创新置于决策的关键位置，目前尚未形成完整的、系统的科技政策与创新战略，短期内对科技创新的投入面临巨大挑战，甚至在一段时期内会引发科技界的反弹。特朗普偏重于短期经济效果，着力激发私人部门的投资，以改善基础设施等条件为产业科技创新的支持方式；联邦政府更多关注的是军事科技研发，并提倡由企业完成其他众多技术领域的创新，力图削减非国防研发经费。特朗普执政后，把增加军事实力、保障就业等作为优先事项，绝大部分联邦部门和机构面临研发经费的削减，但美国总体研发投入仍保持在世界领先水平，全球研发投入大国地位依旧没有动摇。不仅如此，特朗普对高技能人才的移民政策持保守态度，特别反对低技术移民，其移民政策的收紧可能对美国科技创新能力产生负面影响，尤其是以硅谷为代表的大量科技公司将可能在未来失去大量国外优秀人才，特朗普对人工智能等的偏见，可能导致这些技术领域的技术研发和产业化受到阻碍，由此可见特朗普执政以来，中美的技术交流受到阻碍。美国已经采取诸多协同措施，避免中国利用美国的前沿科技教育与研发资源，如以国家安全为由，有针对性地限制、监控中国赴美的科技人员交流，并在《国家安全战略报告》（*National Security Strategy of the United States of America*）中强调评估签证程序，限制特定国家的留学生进入美国，以确保美国的知识产权不被竞争者所有。特朗普政府逐渐限制特定专业的中国留学生数量，收缩访学人员的签证审批渠道，并缩减中国学者进入重点实验室的工作机会，减少机器人、航空等高科技制造专业的中国学生赴美国名校就读的机会。可见，中国科技工作者涉入高科技领域受到制约，已持续多年的中美科技交流关系受到严重冲击。

第五节　小结

本章从创新投入、创新产出和技术流动三方面分析了国际金融危机前、后金融危机时代和特朗普执政时期中国创新国际化的发展。首先，中国的研发投入虽然仍不及发达国家，但上涨速度惊人，尤其是国际金融危机前研发投入涨幅更加显著，后金融危机时代的研发经费支出大部分用于试验发展研发活动，企业是研发经费投入渠道的主要来源，并且研发经费支出存在较大的区域差异，大多投入集中在江浙及经济发展较快地区；高技术行业研发经费支出增长迅速，尤其是电子及通信设备制造业占绝大部分比重；研发经费支出不仅投向国内，也逐渐转向国外，这一时期研发投入模式已由“引进来”向“引进来”

与“走出去”相结合转变；此外，中国研发人员投入有所增长，大部分研发人员投入集中在企业进行试验发展研究，电子及通信设备制造业研发人员投入最多，且沿海地区投入较大，海外研发人员投入数量不断增加，创新投入的国际化发展趋势愈加显著。其次，后金融危机时代中国专利申请涨幅更加显著，且PCT申请量增长快于美日韩等国家；高技术产品的进出口贸易更加频繁，创新产出即创新能力也呈现国际化发展趋势，而在中美经贸摩擦时期更加注重知识产权的保护。最后，国际金融危机前技术贸易进口远远超过技术贸易出口，这一时期主要依靠技术引进推动创新国际化发展，并且技术创新的国际化发展可以通过国际技术贸易让创新企业从技术能力中获益，也可以通过对外直接投资在国外子公司利用创新技术从事生产活动，实现技术转移；后金融危机时代，虽然世界形势发生变化，但中国走创新国际化之路并未停止，这一时期研发支出占比跨越2%水平，自主研发不断加强，创新产出绩效也在不利的外部约束条件下表现良好；到了中美经贸摩擦时期，不仅重视自主研发，同时也加强了对知识产权的保护意识，使中国创新国际化不断由技术引进向自主研发再到技术“走出去”转变。根据本书设定的创新国际化指标，将创新投入、创新能力与国际技术流动相结合，归纳总结整理中国创新国际化组合模式及其特点（见表3-19）。中国创新国际化模式已从外部技术驱动模式向内外双驱模式转变，并逐渐向高高（HH）模式发展。

表3-19　　中国创新国际化模式演变

年份	研发投入（%）	国际技术比较优势指数（IA）	创新产出	组合模式	模式特点
1996	0.5632	0.05994	11628	“低低”（LL）模式 外部技术驱动模式	“低低”（LL）模式表明一国研发投入较低，也不具备技术比较优势，主要依靠引进技术、外部驱动国家创新能力的提升。 具体表现在： RD逐年上升； IA介于0.02~0.2，相对较低； TP逐年递增，2004年以后涨幅较大； 随着RD的增加，TP明显提升。
1997	0.6387	0.09235	12672		
1998	0.6468	0.13542	13751		
1999	0.7496	0.07883	15626		
2000	0.8931	0.05162	25346		
2001	0.9403	0.0472	30038		
2002	1.0578	0.03598	39806		
2003	1.1203	0.02601	56769		
2004	1.2149	0.04803	65786		

续表

<table>
<tr><th>年份</th><th>研发投入（%）</th><th>国际技术比较优势指数（IA）</th><th>创新产出</th><th>组合模式</th><th>模式特点</th></tr>
<tr><td>2005</td><td>1. 3079</td><td>0. 03019</td><td>93485</td><td rowspan="9">“低低”（LL）模式
外部技术驱动模式</td><td rowspan="9">“低低”（LL）模式表明一国研发投入较低，也不具备技术比较优势，主要依靠引进技术、外部驱动国家创新能力的提升。
具体表现在：
RD 逐年上升；
IA 介于 0. 02 ~0. 2，相对较低；
TP 逐年递增，2004 年以后涨幅较大；
随着 RD 的增加，TP 明显提升。</td></tr>
<tr><td>2006</td><td>1. 3685</td><td>0. 03057</td><td>122318</td></tr>
<tr><td>2007</td><td>1. 3729</td><td>0. 03962</td><td>153060</td></tr>
<tr><td>2008</td><td>1. 4446</td><td>0. 0582</td><td>194579</td></tr>
<tr><td>2009</td><td>1. 6621</td><td>0. 04145</td><td>229096</td></tr>
<tr><td>2010</td><td>1. 7099</td><td>0. 06798</td><td>293066</td></tr>
<tr><td>2011</td><td>1. 7753</td><td>0. 05222</td><td>415829</td></tr>
<tr><td>2012</td><td>1. 9058</td><td>0. 06186</td><td>535313</td></tr>
<tr><td>2013</td><td>1. 9902</td><td>0. 04518</td><td>704936</td></tr>
<tr><td>2014</td><td>2. 0211</td><td>0. 03374</td><td>801135</td><td rowspan="3">“高低”（HL）模式
内外双驱模式</td><td rowspan="3">“高低”（HL）模式表明本土研发投入较高，进入内驱模式阶段，但同时还要依赖国际技术流入本国，此时是内外双驱模式阶段。</td></tr>
<tr><td>2015</td><td>2. 0564</td><td>0. 0555</td><td>968252</td></tr>
<tr><td>2016</td><td>2. 1067</td><td>0. 054302</td><td>1204981</td></tr>
</table>

资料来源：由世界银行数据库整理所得。

第四章　中国创新国际化的国际比较

在知识经济快速发展的时代背景下，全球经济趋向一体化，尽管英国“脱欧”、美国实施贸易保护政策等使世界出现逆全球化发展趋势，但这并未切断各国间的经济贸易往来，国际合作依旧，创新国际化发展成为各国关注的重要问题，并且逐渐成为当下提升一国综合实力的重要体现。本章从模仿创新到自主创新以及全球区域性发展的差异角度，从3个方向划分创新国际化发展模式，即注重自主创新发展的发达国家模式、由模仿到自主创新发展的赶超国家模式，以及以模仿创新发展为主的转型国家模式，并选取典型国家代表进行分析。其中，发达国家以美国为例，赶超国家以日本和韩国为例，转型国家以波兰、匈牙利和捷克为例。对于“赶超”一词，李根（2016）将其描述为一个后发国家缩小其与领先国家在收入差距（经济赶超）和技术能力（技术赶超）方面差距的过程，本章主要是从技术能力赶超来界定赶超国家。本章在分析美国、日本、韩国、波兰、匈牙利、捷克创新国际化发展特征的基础上，将其与中国创新国际化发展模式和创新国际化水平进行比较分析，以更好地了解中国创新国际化发展趋势，并为阐述创新国际化与增长效应的互动关系奠定基础。

第一节　创新国际化发展模式的国际经验

一、美国：发达国家的典型范式

（一）科技研发投入领先其他行业，海外研发投入占比较高

美国尤其注重科技创新，是当今世界的高科技中心，很多先进的科学技术都源于美国，这与美国巨大的研发投入密切相关。美国国家科学研究委员会的报告显示，2015年美国的年研发投入已经达到了4960亿美元（约合3.17万

亿元人民币)，占全球总研发投入的26%。美国的科技企业研发投入领先于其他行业，在研发投入中占据较大比重，图4－1为2017年金融资讯服务商FactSet提供的美国主要行业研发投入数据，可以看出在研发投入方面，以亚马逊、谷歌母公司Alphabet、英特尔、微软和苹果为首的科技企业遥遥领先于包括医药和汽车企业在内的其他标普500成分股公司。

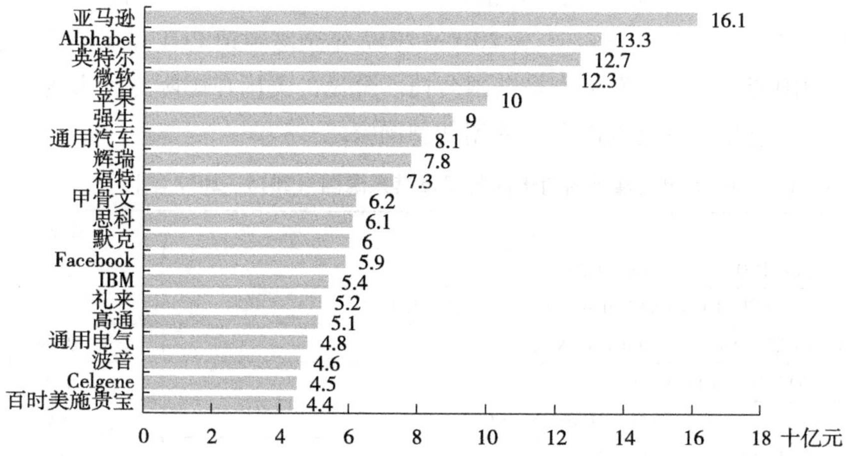

图4－1　2017年美国主要行业研发投入统计数据

（资料来源：金融资讯服务商FactSet提供的含标普500成分股公司财年数据）

国际化的另一个表现是美国企业加大了海外研发投入。早在2001年，在美国以外别国成立的美国企业研发支出就已达到197亿美元，占美国跨国企业研发支出总额的12%，在欧盟的美国企业研发支出占比达9.4%，海外研发投入显著。2017年欧盟委员会的统计数据显示，国际研发投入排名前一百的企业按国家和地区来看，美国占36家，居于首位。可见，美国不仅国内研发强度较高，在国际研发扩张中，研发投入活动明显向海外国家转移。据资料显示，美国占OECD国家研发能力的45%，在20世纪90年代后期一直是研发复苏的主要贡献者（施莫河，2011）。此外，在研发国际扩张进程中，政府发挥了重要作用，在商业领域通过补助和采购行为资助研发，运用优惠、配额手段进行公共研发的中小企业与政府采购紧密结合。同时，美国也是别国企业重要的研发基地。

（二）国际专利申请优势显著，科技期刊论文发表数量较大

美国企业很早就增加了“寻求知识”方面的国际活动，且越来越多地从

国外市场获取创新动力。体现国际专利体系的PCT①方便申请人在国际上寻求对其发明的国际专利保护，帮助专利局作出专利授予决定，便利公众查阅这些发明中涉及的丰富技术信息。根据PCT提交一件国际专利申请，申请人可以同时在全世界大多数国家寻求对其发明的保护。2017年，PCT使用量继续增长，PCT申请量约达243500件，较2016年增长4.5%。其中，美国的国际专利申请约占2017年PCT申请总量的四分之一（23.3%），40年前PCT开始运作以来始终处于榜首。表4-1为2016—2017年全球申请PCT排名前十的公司及其来源国情况，其中有4家是美国公司。可见，美国在国际专利市场中占有优势地位，也是世界范围内重要的创新型国家之一。

表4-1　PCT申请量排名前十的公司及其来源国（2016—2017年）

公司名称	来源国
HUAWEI TECHNOLOGIES CO. , LTD.	中国
HEWLETT - PACKARD DEVELOPMENT COMPANY, L. P.	美国
MICROSOFT TECHNOLOGY LICENSING, LLC	美国
ROBERT BOSCH CORPORATION	德国
TELEFONAKTIEBOLAGET LM ERICSSON (PUBL)	瑞典
KONINKLIJKE PHILIPS ELECTRONICS N. V.	荷兰
SIEMENS AKTIENGESELLSCHAFT	德国
PANASONIC INTELLECTUAL PROPERTY MANAGEMENT CO. , LTD.	日本
3M INNOVATIVE PROPERTIES COMPANY	美国
PROCTER & GAMBLE COMPANY	美国

资料来源：WIPO数据库（2018年3月）。

从科技期刊发表的论文数量来看，美国在世界范围内发表所占比重较高。根据国家科学基金会科学工程统计指标，将科技期刊发表的文章范围界定在下述领域出版的科学和工程类文章：物理、生物、化学、数学、临床医学、生物医学研究、工程和技术，以及地球和空间科学。科技期刊文章数量基于科学引文索引（SCI）和社会科学引文索引（SSCI）整理所得，其中包括与多个国家

① 2018年1月24日是《专利合作条约》（PCT）第I章生效40周年的日子。这一新条约的生效对于当时尚且年轻的世界知识产权组织（WIPO）来说是个了不起的成就。WIPO由其前身保护知识产权联合国际局（BIRPI）的成员国于1970年4月26日《建立世界知识产权组织公约》生效时创建。PCT稳步发展，已成为WIPO最大的国际知识产权申请体系。PCT最初对13个成员国生效，到1978年6月1日开始运行时（即PCT受理局开始接收并处理PCT申请），PCT生效成员国数量增加了5个。截至2018年，PCT缔约国已达到152个。

和经济体合作的文章，足以体现科技期刊发表的国际性。表4－2为七国集团（G7）的科技期刊文章情况，通过这一指标可以看出，1996年以来，美国科技期刊文章的发表量高于其他发达国家，始终呈递增趋势，到2016年有所下降；从世界占比来看，美国科技期刊文章的发表量远高于其他发达国家，2003—2009年世界占比高达24%，受到国际金融危机的影响，2010—2016年下降到20%，但仍远远高于其他国家和地区。从G7国家总体占世界的比重可以看出，2003—2009年七国占世界科技期刊文章的52%，到了2010年以后，这一比重下降为44%，可见主要发达国家科技期刊文章数量有所减少，说明其他经济体越来越重视科技期刊文章的发表，在创新产出方面不断提升，也反映出更多的经济体参与到国际创新活动，全球范围内的创新国际化程度进一步提高。

表4－2　　G7国家科技期刊文章统计（2003—2016年）

国家和地区	2003年	2004年	2005年	2006年	2007年	2008年	2009年	2003—2009年世界占比
美国	321765.9	347873.9	379701.3	383114.9	389451.8	391933.4	398871.1	24%
英国	74599.8	78314.4	84993.1	88060.9	91352.4	92000.6	94757.4	6%
德国	70447.7	74144.7	82968.9	84434.4	88424.9	91159.6	95033.3	5%
法国	51757.8	54775.8	59581.4	62448.0	64476.8	67209.2	69380.8	4%
日本	97235.2	100403.7	109662.2	110502.8	108760.8	106897.5	108237.4	7%
意大利	41207.1	43636.6	47357.3	50159.4	53837.1	55940.8	58398.7	3%
加拿大	37695.5	41624.3	47087.7	49258.8	52326.3	53416.3	55541.0	3%
世界	1185942.1	1305437.7	1477412.9	1563235.3	1655917.1	1747433.7	1859200.9	—
国家和地区	2010年	2011年	2012年	2013年	2014年	2015年	2016年	2010—2016年世界占比
美国	409853.3	424938.0	432311.5	435212.0	440229.7	429139.0	408985.3	20%
英国	95488.8	98479.6	101367.0	103051.0	102970.6	101407.0	97526.9	5%
德国	97179.4	100879.4	105373.5	105377.5	109262.0	105754.9	103121.9	5%
法国	70177.1	72035.5	74413.7	75266.0	75017.4	72224.4	69430.8	3%
日本	108292.4	110570.0	109424.5	109257.9	106154.6	99812.4	96536.2	5%
意大利	58805.7	60842.3	65276.2	68768.3	70780.7	70814.2	69125.2	3%
加拿大	56734.1	57925.7	60130.9	60611.1	61539.4	60496.4	57355.8	3%
世界	1954923.6	2063336.6	2129133.9	2210065.0	2299992.2	2306637.4	2296271.4	—

资料来源：世界银行数据库整理所得，其中世界占比由各国科技期刊文章的总数量除以世界范围内科技期刊文章的总数量所得。

（三）数字经济领域就业率较高，高科技出口产品比重下降

数字经济是指数字技术被广泛使用的经济系统，能使整个经济环境和经济活动发生根本变化。主要研究生产、分销和销售都依赖数字技术的商品和服务。近年来，企业、消费者和政府之间通过网络进行的交易迅速增长。美国经济分析局（U. S. Bureau of Economic Analysis）的数据显示，2016 年美国数字经济领域的就业人员达 590 万人，占美国 1.5 亿就业人数的 3.9%，高达 88.2% 的数字经济就业者从事服务行业工作。其中，187 万人投身于计算机系统设计和相关服务，98.4 万人主要从事电子商务等其他零售行业，86.9 万人从事广播和电信行业。据统计，美国 2011—2016 年在整体经济就业年均增长 1.7% 的情况下，数字经济领域就业年均增长率达 3.7%，可见，美国注重技术创新，与技术相关行业为经济发展贡献较高。

此外，美国的高技术产品出口数量与发达国家乃至全球各个国家和地区相比，始终比较突出（见表 4－3）。随着世界经济形势的不断变化，2008 年以来美国高技术产品出口占制成品的比重有所下降，在创新国际化道路上减少了高技术产品的出口，在一定程度上说明美国在 2008 年以后对创新国际化的发展有所转变（见表 4－4）。同时，根据技术生命周期理论，技术会经历生产、成长、成熟和衰退的过程，发达国家、较发达国家和发展中国家在不同的过程阶段新产品进出口贸易呈现不同特征。通常来说，作为创新国的发达国家会由净出口向净进口转变，即新产品生产到出口不断增加，再由模仿国开始模仿生产，进入出口竞争阶段，创新国技术优势不再显著，出口减少而进口增加。可见，美国在创新国际化进程中是新技术的开发者与引领者，较先具有技术优势，但随着较发达国家和发展中国家的模仿生产与创新，创新国需要不断进行新产品研发。在国际化背景下，技术贸易流动加强以及跨国公司间的技术转移带给模仿国便利的学习和技术转化条件，从而推动全球范围内的创新活动；然而 2008 年国际金融危机后，世界格局转变，美国和英国高技术产品出口呈现下滑态势，日本略有下降，其他国家基本保持增长趋势。可见，美国创新国际化发展受到逆全球化的影响，缩减了与他国的技术产品贸易往来。

表 4－3　　1995—2016 年 G7 国家高技术产品出口（现价美元）

单位：百万美元

国家和地区	1995 年	1996 年	1997 年	1998 年	1999 年	2000 年	2001 年	2002 年	2003 年	2004 年	2005 年
美国	126759	138094	163407	171969	181431	197466	176164	162082	160291	176282	190737
英国	51570	55501	61939	64899	66256	71717	71649	70421	63225	65967	82538
德国	60582	60953	64075	71627	77188	85542	90556	93578	106203	135678	146389
法国	43019	42649	48094	54665	55590	58765	55540	53277	57053	66065	70506
日本	111840	101831	104988	95492	104650	128902	99451	95885	107083	126245	125445
意大利	16708	17713	16119	17500	17285	20111	20568	20512	20757	24518	25301
加拿大	17738	19770	20981	21838	23793	29780	24139	22537	22652	21526	25352
国家和地区	2006 年	2007 年	2008 年	2009 年	2010 年	2011 年	2012 年	2013 年	2014 年	2015 年	2016 年
美国	219026	218116	220884	132407	145933	145639	148331	148531	155641	154346	153187
英国	119362	61540	60468	47568	60173	69612	67787	69224	70653	69417	68280
德国	163169	153419	159812	139961	158507	183371	187016	193799	199718	185556	189646
法国	81538	78822	91980	82531	99736	105761	108586	113251	114697	104339	103840
日本	129241	117858	119915	95159	122102	126478	123393	105076	100955	91514	92883
意大利	25885	26448	28813	25027	26419	31192	27526	29712	30745	26927	27906
加拿大	26735	26311	26911	23210	23963	25017	29087	29026	26552	26318	23974

资料来源：世界银行数据库。

注：高科技产品是指具有高研发强度的产品，如航空航天、计算机、医药、科学仪器、电气机械。

表 4－4　　1995—2016 年美国高技术产品出口占制成品出口的比重　　单位：%

年份	1995 年	1996 年	1997 年	1998 年	1999 年	2000 年	2001 年	2002 年	2003 年	2004 年	2005 年
比重	30.3	30.8	31.7	33.2	34.3	33.7	32.6	31.8	30.7	32.8	32.7
年份	2006 年	2007 年	2008 年	2009 年	2010 年	2011 年	2012 年	2013 年	2014 年	2015 年	2016 年
比重	30.1	27.2	25.9	21.5	19.9	18.1	17.8	17.8	18.2	18.9	19.9

资料来源：世界银行数据库。

（四）跨国公司技术合作不再局限于欧洲地区，与亚洲地区往来日渐频繁

从国际视角来看，美国引领了全球的经济技术跨国合作。无论是从跨国公司的数量、跨国合作的就业人员，还是国外研发基地的分布，美国的科技活动早期与欧洲国家合作较多，其创新国际化活动主要在欧洲地区。以德国为例，作为欧洲四大经济体之一，德国在基础科学与应用研究方面十分发达，以理学、工程技术而闻名的科研机构和发达的职业教育支撑了德国的科学技术和经济发展，以汽车和精密机床为代表的高端制造业也是德国的重要象征，足见德

国是一个高度重视创新合作的国家。1990—2001 年，德国企业在美国的研发支出增长约 3.4 倍，研发经费支出约 60 亿美元，拥有 2.6 万名研发人员，以专利为基础对当时的 88 家企业国外研发活动进行分析（Edler 等，2003），88 家企业在美国注册了约一半的专利，可见 20 世纪 90 年代美国是德国企业最重要的研发地。同时，1995—2001 年美国企业在德国的年均研发支出保持在 30 亿美元上下，美国国外分支机构研发支出占增值额的比例在德国最高，这一时期，与其他欧洲国家的技术合作也相对频繁。

进入 2000 年以后，随着全球经济的不断发展，加上国际金融危机后世界经济格局的演变，经济中心由西向东，新兴经济体在世界经济中发挥了越来越重要的作用，美国与亚洲地区的跨国合作也越加频繁，与日本、韩国、中国、印度的科技活动项目不断增多，创新国际化趋势也由发达国家转向发展中国家，说明美国跨国公司的技术转移极大地推动了亚洲地区企业的创新与发展（见表 4 –5）。

表 4 –5　2015 年和 2016 年美国跨国公司和其附属公司科技产品出口情况

单位：百万美元

出口活动	科技产品或地区	2015 年	2016 年
美国母公司向其外国附属公司出口额	电信通信服务	7066	7034
	计算机服务	5554	6212
附属公司向美国母公司出口额	电信通信服务	1188	1062
	计算机服务	1256	1150
美国信息与通信技术（ICI）向其他地区的出口额	欧洲地区（32 国）	25855	27565
	拉丁美洲（14 国）	15546	15007
	亚洲和太平洋地区（15 国）	17163	16921
美国附属公司在其他地区创造的附加值	计算机电子产品	14076（欧洲地区） 4506（亚洲和太平洋地区）	—

资料来源：由美国经济分析局数据整理所得。

注：信息与通信技术（Information and Communications Technology，ICT）是信息技术与通信技术融合而形成的一个新的概念和新的技术领域。

美国对亚洲国家 ICT 出口贸易额在日本、韩国、中国、印度及新加坡所占比重较高，从 2015 年和 2016 年的数据来看，对日本和韩国及新加坡的 ICT 出口额下降，对中国和印度的 ICT 出口额增加（见表 4 –6）。可见，美国 ICT 向发展中国家出口额不断增加，向发达国家ICT出口额有所减少。

表4-6　2015年和2016年美国对亚洲地区主要国家的ICT出口额

单位：百万美元

国家	2015年	2016年
日本	3530	3268
韩国	1978	1702
中国	1419	1618
印度	1711	2141
新加坡	1135	921

资料来源：由美国经济分析局数据整理所得。

二、日本和韩国：赶超国家模式的特点

（一）日本

（1）海外企业研发投入增幅高于本国企业。日本作为传统的工业和科技强国，其研发投入不可小觑。日本总务省发布的《科学技术研究调查结果》报告显示，日本的年研发投入占其GDP的3.42%，日本企业研究开发费用的增幅落后于海外企业。2006—2017年，亚洲地区研发费用成倍增长，美国增长86%，而日本只增长了12%。在人工智能（AI）等信息技术领域，以美国公司为首的企业进行了大量投资，掀起了第四次产业革命。将东证一部上市公司与美国标准普尔500种股票指数、欧洲斯托克600指数、日经亚洲300指数的构成企业过去10年间的研发费用进行比较，发现研发费用排在前100强的世界企业中，日本企业从10年前的24家减少至17家，原来世界排名第三的丰田汽车在研发费用方面按美元计增长了26%，但排名下滑至第十位。排名后退明显的是机电企业，松下从第十五位下降至第三十六位，索尼从第十八位下降至第三十五位，原因是日本机电企业纷纷退出半导体等需要高额研发费用的业务，对物联网领域进行了重点投资。

据日本总务省统计，2015年，包括政府在内的日本整体研发费用达1800亿美元，仅次于美国的5000亿美元和中国的4100亿美元，排名世界第三。研发费用与GDP的比值方面，日本为3.6%，高于美国的2.8%和中国的2.1%。从规模上说，日本依然是“研发大国”。不过，在基础研究领域，日本研发费用停滞不前，有必要进一步提高研发效率。

（2）高技术产品出口占比和ICT产品进口占比总体呈下降态势。根据技术生命周期理论可知，较发达国家在高技术新产品进入国际市场初期，通常会向创新国即发达国家进口该产品，此时的较发达国家进口高于出口；随着新产品引进后技术的不断扩散，较发达国家逐渐掌握了新产品技术，在国际市场上占有一定的技术比较优势，出口渐渐增多。日本技术虽由模仿到创新，其经济发展始终处于发达国家步伐的行列，其高技术产品出口占比和ICT进口占比均出现下降趋势。从2000—2016年日本高技术产品出口占比与ICT产品进口占比（见表4－7和图4－2）可以看出，日本高技术产品的出口占制成品出口的比重由2000年的28.7%下滑到2016年的16.2%，整体呈下降趋势；ICT产品占总产品进口的比重总体来看波动较大，从2000年至2008年呈下降趋势，2009年以后进口占比回升，说明2008年国际金融危机后随着世界经济重心的转移，高技术产品也不再局限于少数发达国家，新兴经济体的赶超速度加快，技术进步前所未有，创新国际化程度不断提升，如印度的软件开发和中国的手机产品等，许多ICT产品进入日本市场，和日本当地的产品形成强烈的竞争。例如，2017年12月的第一周，华为P10 lite（精简版）手机首次反超iPhone，登上日本手机周销量排行榜首位，占手机总销量的7.8%；2018年3月，日本线上畅销手机前20中，华为手机占20%，共上榜4款，可以说华为手机在日本市场处于领先地位①。

表4－7　2000—2016年日本高技术产品出口与ICT产品进口占比　单位:%

项目	2000年	2001年	2002年	2003年	2004年	2005年	2006年	2007年	2008年
高技术产品出口占比	28.689	26.596	24.776	24.428	24.104	22.981	22.057	18.408	17.314
ICT产品进口占比	16.193	15.244	14.824	14.505	14.489	13.472	12.383	11.462	9.6837
项目	2009年	2010年	2011年	2012年	2013年	2014年	2015年	2016年	
高技术产品出口占比	18.759	17.973	17.459	17.405	16.784	16.689	16.782	16.221	
ICT产品进口占比	11.364	11.982	10.139	10.240	10.891	11.264	12.791	13.011	

资料来源：世界银行数据库。

注：高技术产品出口是指具有高研发强度的产品，如航空航天、计算机、医药、科学仪器、电气机械；ICT产品进口包括电信、音频和视频，计算机及相关设备、电子元件、其他信息与通信技术产品，软件不包括在内，下同。

① 资料来源：搜狐网（https：//www.sohu.com/a/212695089_99915155。

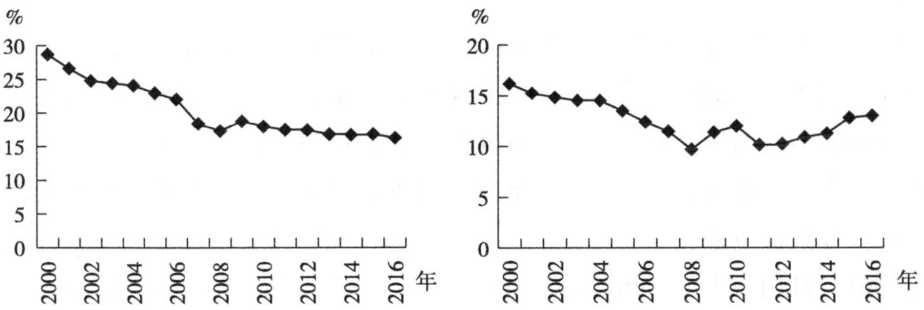

图4-2　日本高技术产品出口占比（左）与日本ICT产品进口占比（右）

（资料来源：搜狐网，https：//www. sohu. com/a/212695089_ 99915155）

（3）产学官合作模式推进日本创新国际化发展。日本政府在国家创新体系中发挥了重要作用，它为引进技术开绿灯，从工业技术的发展到电子技术的革新，从大型企业的科技研发到中小企业创新制度的确立，政府都参与其中。无论政府还是民间企业，都认准了迅速缩小与欧美差距的捷径就是把先进的技术引进来，并且通过技术评价指标制定了严格的审批制度，强调技术引进的经济价值以及产品出口比例和企业对引进技术的消化吸收能力等条件。在政府引进技术的倡导下，日本创新发展逐渐走向国际化。企业作为技术创新的主体，是日本产业技术革新且经济高速增长的重要原因，有资料表明日本企业所提供的研发经费长期占全国研发经费总量的60%以上，并且企业不断加大研发投入，技术创新动向符合企业的发展目标，企业的工业实验室是企业研发的主体；公共研究部门是日本创新的知识库，提供人才，创造技术；日本政府尤其重视教育，设立大学研究生院和独立研究科，实施研究生入学资格的弹性政策，开展创造性教育活动，注重学生个性化培养。此外，日本政府很早就注重高校与企业的科技合作，将高校引入市场机制，让高校与生产科研内部发生直接联系，发展了日本特色的产学官一体化的研究生培养模式和以“工业实验室”为主的研究生教育和科研模式。产学官合作模式是在政府的强力支持下，充分利用大学的科研队伍和企业的经济实力，开发新技术、新产品，增强日本的国际竞争力。在这种机制下，基础研究为技术开发提供理论基础，而新技术、新产品推向市场后又为基础研究换来大量经费，形成良性互动。由政府主导、官民共建的自主创新体系加速了创新国际化发展水平，使日本赶超许多欧美发达资本主义国家。

（二）韩国

（1）短周期技术和多样化学习是韩国创新国际化发展的重要途径。韩国早期利用低工资的优势，靠生产劳动密集型产品赢得出口。作为典型的赶超国家，较快速的赶超发生在20世纪80年代以后，此时的韩国转向更高端的产品生产，并大力支持私有企业的内部研究与开发，政府从通过公共研发政策转向通过税收优惠政策来促进企业研发。从那时起，韩国政府就开始促成私有企业和政府研究机构对大型、风险较高的项目进行联合研发。在技术创新路径选择方面，韩国认为当技术或产品更新换代频率变高时，赶超与跨越更可能实现。因此，韩国从专注于某些技术领域开始，不断创新，增加该领域技术产品出口，在国际上获得新技术优势。这些技术领域与技术周期的时间长短密切相关，且大多是短周期技术。技术周期短意味着该行业很少依赖现有的技术，从而可以利用更多的机会进行赶超，对现有技术的低依赖性会使后来者更快地建立其知识创造机制，这也预示着更低的进入门槛、与发达国家的技术更少碰撞、专利使用费更少，甚至后者可以具有先发优势，实现产品差异化，进而具备较高的盈利能力，在国际合作中占有优势话语权。韩国正是利用短周期技术优势实现产品创新，如半导体器件制造：加工工艺、电视、电气连接器、照明等技术的专利申请量与发达国家同一时期的专利申请毫无重叠（李根，2016），使韩国在这些领域成为技术创新的引领者。到了2000年以后，韩国的技术创新才开始向以基础科学为基础的行业和全新类型的长周期技术领域延伸。

韩国不仅通过短周期技术成功实现某些领域的技术优势，同时也利用引进技术不断模仿与创新。作为后来者，当公司具备了一定水平的吸收能力，就必须建立并启动自己内部的研发中心。韩国具备较强的多样化学习设计能力，其模式包括与国外从事研发专业公司合作开发、通过设立海外研发前哨学习并获得国外知识、通过公共和私营部门的研发联合体以进入新的产业部门等。多年来，韩国的资讯科技产业在全球领先，高速互联网服务、内存、液晶显示器及等离子显示屏等平面显示装置和移动电话都在世界市场中处于领导地位；钢铁、造船、汽车、半导体、数码产品等制造业也有着很强的国际竞争力，韩国已经成为世界范围内首屈一指的技术创新型国家。

（2）韩国高技术产品出口受国际金融危机影响较大。1995年以来，韩国高技术产品出口占制成品出口的比重时常出现波动。1995年出口占比26.0%，到了2016年这一比重为26.6%，基本与20年前持平。其间，在亚洲经济危机后有所上涨，最高达到2000年的35.1%；2008年国际金融危机后，这一比重有所下降，2007年为30.6%，之后基本呈下滑态势，直到2016年的26.6%。

表4-8　1995—2016年韩国高科技产品出口占制成品出口的比重　单位:%

年份	1995	1996	1997	1998	1999	2000	2001	2002	2003	2004	2005
比重	26.0	24.1	26.6	27.1	32.2	35.1	29.8	31.5	32.3	32.9	32.5
年份	2006	2007	2008	2009	2010	2011	2012	2013	2014	2015	2016
比重	32.2	30.6	27.6	28.7	29.5	25.7	26.2	27.1	26.9	26.8	26.6

资料来源：世界银行数据库。

亚洲金融危机后，韩国公司及财务大量重组，经济进一步开放，互联网和宽带快速发展，技术领域出口有所增加。对于生产技术更复杂的产品，其出口的单位价值更高，对韩国出口结构产生重要影响。韩国早期仅出口小范围和少量的主要农产品及资源型产品，20世纪80年代第一波高科技出口表现较好，而高科技产品净进口小于低端制成品的净出口，因为韩国也需要进口能源、原材料和基于自然资源的制成品，这些都受限于本国有限的自然资源而不易出口。2004—2006年，韩国成为一个非常大的高、中技术产品净出口国。2008年国际金融危机后，世界经济发生微妙变化，韩国汇率起伏变化，经济也受到进口国经济的影响而有所波动。同时，韩国越向高科技产品生产延伸，则它集中于该市场底端的趋势就越强，这也体现了韩国财阀的持续战略性决策作用。2008年国际金融危机后，更多的新兴经济体参与到国际竞争中，比如中国和印度显著的技术进步吸引了世界各国，在一定程度上挤占了韩国高技术产品出口。

（3）韩国接收国际专利PCT申请增涨显著。2017年，亚洲地区PCT申请高达49.1%，全球占比最高，其次为欧洲地区，占比达24.9%，北美洲为24.2%，非洲为0.2%，拉丁美洲、加勒比海和大洋洲为0.9%（见图4-3）。全球来看，亚洲地区份额从1993年开始不断增长，由2007年的27.6%上涨到2017年的49.1%，其中PCT申请主要来源于中国、日本、韩国三国。

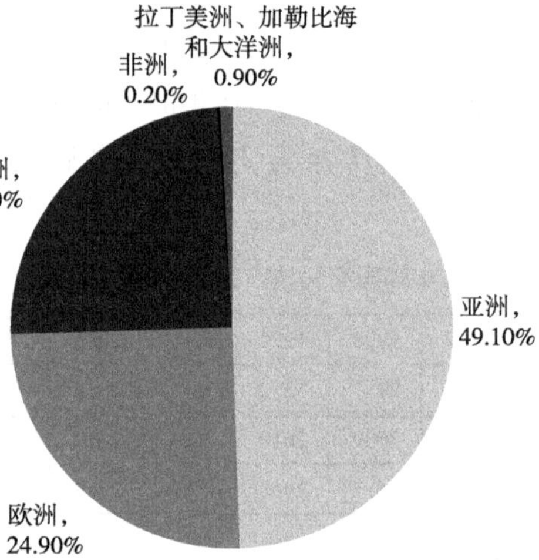

图 4 -3　2017 年 PCT 申请分布

（资料来源：WIPO 数据库）

2016—2017 年，在韩国知识产权局（KIPO）进行专利申请排名前五位的韩国以外的公司情况见表 4 -9，其中 KBK & ASSOCIATES 和 Y. P. LEE, MOCK & PARTNERS 在 KIPO 专利申请量分别占 PCT 申请总量的 5.9% 和 5.3%，前五名中排后三位的分别占 PCT 申请总量的 2.6%、2.3% 和 2.2%，排名前五位专利 PCT 申请共占 KIPO 专利申请总量的 18.4%，美国、日本、韩国、中国及欧洲专利局申请专利总量占比最高，其次为中国 16.4%、日本 10.8%、美国 6.2%、欧洲专利局 3.4%。可见，与美国、日本、中国等国家和地区相比，在韩国 KIPO 进行专利申请的外国企业或公司在 2016—2017 年增速更快，说明更多的专利申请流入韩国，韩国的国际技术合作能力不断提升，其创新国际化程度逐渐加强。

表 4 -9　2016—2017 年韩国 PCT 外国代表申请量及占比　单位：件,%

专利申请外国代表名称	PCT 申请量	占总申请量比重
KBK & ASSOCIATES	1696	5.9
Y. P. LEE, MOCK & PARTNERS	1513	5.3
YOU ME PATENT & LAW FIRM	755	2.6

续表

专利申请外国代表名称	PCT 申请量	占总申请量比重
K. J. LEE INTERNATIONAL PATENT & TRADEMARK OFFICE	662	2.3
YOON & LEE INTERNATIONAL PATENT & LAW FIRM	621	2.2
合计	5247	18.4

资料来源：WIPO Statistics Database，March 2018。

此外，研究还发现韩国 PCT 申请中的女性发明者占比居全球首位，2016 年韩国 PCT 申请中女性发明者占申请总量的46.6%，年增长率1.4%；其次为中国的43.8%；美国的32.3%和日本的18.8%分别位列第六名和第十八名。女性发明者占比较高，在一定程度反映了韩国参与创新国际化进程的主要角色不再仅局限于传统思维定势，科学发明也不仅仅只有男性才能完成，女性在创新发展中发挥了越来越重要的作用。

三、波兰、匈牙利和捷克：转型国家的发展模式

随着全球经济的发展变化，世界经济格局也发生了微妙变化，全球经济主体不仅仅是美国、日本等发达国家，更多新兴经济体也参与到全球政治经济合作中。在世界经济格局转变进程中，转型国家创造了越来越多的经济价值，为经济增长带来新气象。近年来，东欧转型国家以波兰、匈牙利和捷克经济发展最为明显（见表4－10）。2008 年以来，受国际金融危机和欧债危机的影响，波兰、匈牙利、捷克经济增长虽有所波动，其间也出现过负增长，但近几年基本保持在3%上下，以波兰、匈牙利、捷克作为分析创新国际化发展的转型国家代表具有一定的可比性与可实践性。

表4－10　　2008—2017 年波兰、匈牙利、捷克 GDP 增长率　　单位:%

国家	2008 年	2009 年	2010 年	2011 年	2012 年	2013 年	2014 年	2015 年	2016 年	2017 年
波兰	4.25	2.82	3.61	5.02	1.61	1.39	3.28	3.84	2.86	4.55
匈牙利	0.86	－6.60	0.68	1.66	－1.64	2.10	4.23	3.37	2.21	3.99
捷克	2.68	－4.80	2.27	1.78	－0.80	－0.48	2.72	5.31	2.59	4.29

资料来源：世界银行数据库。

1996—2016 年，波兰、匈牙利、捷克研发强度（RD）、国际技术流动即国际技术比较优势指数（IA）和创新能力（TP）数据见表4－11。可以看出，

波兰和匈牙利 RD 仍旧小于 2%，其创新国际化模式未发生转变；根据捷克的 RD 与 TP 正相关性预测，其 RD 仍未超过 2%，但很接近，说明捷克创新国际化模式正在由外部技术驱动模式向内外双驱模式转变。

表 4-11　波兰、匈牙利、捷克创新国际化指标数据（1996—2016 年）

年份	波兰			匈牙利			捷克		
	RD（%）	IA	TP	RD（%）	IA	TP	RD（%）	IA	TP
1996	0.6403	0.14850660	2411	0.6302	0.30392005	803	0.8944	0.38918266	614
1997	0.6441	0.14066629	2399	0.6990	0.47574469	737	0.9943	0.39555230	579
1998	0.6608	0.10184955	2407	0.6562	0.19518387	690	1.0652	0.45967149	624
1999	0.6818	0.04238265	2285	0.6705	0.16796313	729	1.0545	0.25987522	596
2000	0.6420	0.05042030	2404	0.7894	0.35560228	810	1.1131	0.44598711	555
2001	0.6228	0.07856764	2202	0.9118	0.29517216	919	1.1033	0.32725347	568
2002	0.5578	0.05148775	2313	0.9819	0.70735715	842	1.1020	0.32032280	526
2003	0.5388	0.03242326	2268	0.9184	0.58255617	756	1.1474	0.24676126	625
2004	0.5525	0.03104651	2381	0.8603	0.46809884	748	1.1455	0.19774820	623
2005	0.5628	0.06107368	2028	0.9209	0.77131924	705	1.1683	0.08064371	586
2006	0.5508	0.02945931	2157	0.9809	0.46643743	718	1.2317	0.05705177	641
2007	0.5618	0.06194708	2392	0.9567	0.49723418	689	1.3022	0.04901727	716
2008	0.5992	0.12290739	2488	0.9796	0.69185627	683	1.2393	0.17754909	712
2009	0.6609	0.07134532	2899	1.1321	0.91714515	757	1.2943	0.22562976	789
2010	0.7207	0.11252783	3203	1.1394	1.21416317	649	1.3368	0.28151525	868
2011	0.7458	0.11590172	3879	1.1889	1.10981399	662	1.5557	0.24948606	783
2012	0.8808	0.10327087	4410	1.2636	1.25698841	692	1.7823	0.35514547	867
2013	0.8705	0.12376452	4237	1.3889	1.13179725	642	1.8997	0.35907075	984
2014	0.9401	0.13098374	3941	1.3533	1.38230561	546	1.9728	0.41394089	910
2015	1.0037	0.19237104	4676	1.3646	0.87951467	569	1.9292	0.42717768	880
2016	0.9653	0.18495488	4261	1.2060	1.39091529	616	1.6783	0.41866382	792

资料来源：世界银行数据库。

从研发投入方面看，波兰、匈牙利、捷克的 RD 均小于 2%，波兰的 RD 最低，处于 0.5% ~1.1%，在 2000 年至 2008 年递减，2008 年国际金融危机之后开始递增，到 2015 年刚刚接近 1%，RD 水平较低；其次是匈牙利，基本呈上升趋势，介于 0.6% ~1.4%，2009 年 RD 超过 1%，研发投入有所加强；

捷克的 RD 逐年递增，相对较高，介于 0.8% ~2%，自 1998 年开始 RD 就已超过 1%，到 2014 年基本接近 2% 水平，且变化幅度最为明显，国家内部研发投入高于其他两国。由于三国的 RD 均小于 2%，说明三国还没有进入内部创新驱动阶段，主要依靠外部技术驱动实现国家创新成长。

从国际技术流动方面看，三国的 IA 基本小于 1，只有匈牙利从 2010 年开始 IA 大于 1。波兰的 IA 指数最低，基本呈上升趋势，介于 0.03 ~0.2，国际竞争力相对较低；其次是捷克，IA 处于 0.04 ~0.5，国际竞争力在三国间居中；匈牙利的 IA 指标相对最高，呈上升趋势，介于 0.2 ~1.4，国际竞争力在三国间较高，且从 2010 年开始 IA 大于 1，说明匈牙利的国际技术流动模式从 2010 年开始由技术驱动转向技术拉动，国际技术收入占技术支出的比重大于全世界平均水平，具有比较优势。

从创新能力方面看，波兰获得专利申请的数量多于匈牙利和捷克，基本呈递增态势，到 2009 年加大研发投入，并且国际技术流动较之前有所加强，创新能力有明显的提升，在同一时间点下，波兰的 TP 是匈牙利和捷克的 3 ~4 倍。结合 RD 和 IA 指标数据来看，捷克的研发投入较其他两国要高，但创新能力不如波兰和匈牙利，2006 年之后申请专利数量才超过匈牙利；匈牙利的 IA 指数较高，专利申请数量相对波动，而且有递减的趋势，在 2010 年之后，国际技术流动加强，模式转变后的创新能力有所减弱，说明在转型过程中流入技术的运用以及技术转化成果的能力较弱，对引进技术的消化吸收能力不强；捷克和匈牙利的创新能力还有很大的提升空间。

第二节　创新国际化模式的比较

一、创新政策

（一）创新政策的历史演进

创新政策的首要目标是加强知识的生产和传播，创造更多的财富，目前已在大多数国家的政府目标中占据优先位置，创新政策的干预活动正日益被引领到改善创新系统技能方面，为研究和创新活动创造良好的市场环境。随着世界经济深入融合发展，技术创新在推动经济增长方面发挥着越来越重要的作用，各国创新政策的实施无疑对该国技术进步与经济发展起到支撑与推进作用。表4－12是20世纪60年代以来美国创新政策的演变，可以看出美国很早就注重技术的创新发展，认识到创新对美国经济的重要影响，政府采用税收优惠、减税等手段促进美国的技术创新，从20世纪80年代开始，颁布了诸多创新相关的法律法规，加速了技术创新对美国经济增长及就业创造的影响。美国一直通过市场机制来创新配置资源，作为世界技术创新的发达国与创新国，通过贸易往来将先进技术输出，引领了世界范围内技术创新的国际化发展。奥巴马执政时期，美国科技创新政策呈现出注重顶层设计、强调基础投入、重视创业环境、引领关键技术、树立高远目标的特点；特朗普执政时期，以国家安全和公共安全为核心，对奥巴马执政时期科技创新政策做出了重大改变，美国科技创新政策未来发展呈现新趋势，即政府导向作用趋于弱化、科技智囊团影响变小、政策战略格局趋向收缩、政策可持续性遭到破坏、政策前景充满不可预测性。创新政策的改变对美国创新发展产生了重大深远的影响；同时，随着世界经济格局的演变，其国际化程度有所控制，技术创新的国际流动及高技术产品的出口规模有所减少，而更加注重创新产品的安全保护，以防备他国对新技术的阻碍。

表4－12　20世纪60年代至2018年美国创新政策及其主要特征

时期	技术创新政策与支持	政策特征	主导部门
肯尼迪执政时期	成立“民用技术小组” 建立州技术服务计划	强调对煤炭、住宅和纺织业的研究与开发；在各州建立STS中心	政府
尼克松执政时期	提倡“科学技术新合作”	启动两个实验项目（ETIP和ERDIP）；关注研发税收优惠；技术转移、开发与扩散转向私营部门；科学技术研究成果商业化	政府、大学和研究中心
里根执政时期	技术创新法	减税和废除被认为妨碍创新的联邦管制；鼓励企业合作从事竞争前的研发活动	政府、企业
	大学与小企业专利程序法		
	小企业创新发展法		
	全国合作研究法		
	技术转移法		
	综合贸易与竞争力法		

续表

时期	技术创新政策与支持	政策特征	主导部门
克林顿执政时期	《将技术用于美国经济增长：构筑美国经济实力的新方向》	强调资助基础科学；创新政策、法律法规为企业提供有力创新环境；优化税收政策、政府采购政策、国防工业政策	企业、政府
	修订《全国合作研究法》		
	国家信息基础设施计划		
	全球信息基础设施建设计划		
奥巴马执政时期	美国创新战略	研发项目税收优惠政策常态化；5个行动计划；打造"金边专利"；科研成果转化	
	美国发明法案		
特朗普执政时期	美国优先能源计划	政府导向作用趋于弱化；政策战略格局趋向收缩；政策可持续性遭到破坏；政策前景充满不可预测性	
	美国优先外交政策		

资料来源：陈劲（2013）。

注：1971 年，尼克松批准了"新技术机会"的评估工作，启动了两个实验项目：一个是"实验技术激励项目"（ETIP），设在美国科学基金会（NSF）；另一个是"实验研究开发项目"（ERDIP），设在国家标准局（NBS）。

日本自第二次世界大战后一直强调科技立国，早期实施以技术引进为主的创新政策，20 世纪 60 年代开始提高对基础科技研发的投入，通过加强产学研合作、鼓励民营企业技术创新，迅速实现了技术创新和经济发展的赶超。表 4－13是日本第二次世界大战后至今创新政策的演进历程，20 世纪 80 年代以前，日本的创新政策以技术引进并改良为主，而后开始对科学技术政策进行重大调整，强调基础研究对于日本未来经济发展的重要性，提倡自主创新和技术开发，建立产学官合作模式，允许民间企业利用国家试验研究设备，给予国有专利权弹性处理，推进国际合作研究，加强研发人员的国际流动，通过技术创新的引进与输出不断提高创新国际化程度，进而实现了从追赶式创新向引领式创新的转变，为新兴发展中国家树立榜样。

表 4－13　　　第二次世界大战后至今日本创新政策及其特征

时期	技术创新政策与支持	政策特征	主导部门
第二次世界大战至 60 年代末	引进外资法 外资委员会设置法	全面引进发达国家的先进技术，并加以改良，将其应用于本国工业生产	政府

续表

时期	技术创新政策与支持	政策特征	主导部门
20 世纪 60～70 年代	关于振兴科学技术的综合性基本方针的意见	推动技术向中小企业转移，吸收先进国家的科学技术，加强科研管理体制	政府
20 世纪 70～80 年代	日本科学技术白皮书	重建日本研发体制，研发活动从事与开发环境健康技术有关的基础研究	政府 大学
20 世纪 80～90 年代	20 世纪 80 年代的通商产业政策、创造性科学技术推进制度、新形势下立足于长期展望的振兴科学技术的综合性基本政策、基础技术研究顺利进行法、科学技术政策大纲	提出“科技立国”，提高创造性自主创新技术开发，提出产学官合作模式，加强基础研究以创造“技术种子”，推进重点开发的研究项目等	政府 民间企业 科学机构
20 世纪 90 年代至 2012 年	科学技术基本法、日本政府的科学技术机构实施了四方面优先考虑的政策	更新大学和国家研究机构的实验设施，改进研究生院扩大奖学金，促进研究人员流动，支持学者国际交流	政府 科学机构 大学

资料来源：陈劲（2013）。

成功通过技术创新实现赶超的又一典型国家是韩国，它从落后的农业国发展到经济强国，引进外国先进技术发挥了重要的作用。韩国政府一直把技术引进作为经济发展战略的重要组成部分，通过创新政策设计和实施以及对产业开展二次创新的大力支持，极大地推动了韩国产业和企业的技术创新能力，其技术创新政策主要围绕在一般形式的技术引进、科研单位从国外研究机构引进开发阶段的技术、吸引外国直接投资，以及通过向国外电子生物等尖端技术部门进行新技术投资的方式引进外国先进技术和设备以掌握核心技术并运用于国内。20 世纪 60 年代以来，韩国技术创新政策的实施见表 4－14。韩国技术引进战略不是简单的模仿技术，而是从一开始就注重技术创新能力的培养，通过“引进—消化—模仿—改进”实现自主创新，缩小了与发达国家间的技术差距，在极大程度上受益于技术创新的国际化发展。

表 4－14　　韩国 20 世纪 60 年代至今创新政策及其特征

时期	技术创新政策与计划支持	政策特征	主导部门
20 世纪 60～70 年代初步创新系统阶段	科技促进法，成立科学技术部和科技研究院，模仿和反向工程	引进外国先进技术，加速技术发展和人才培养，引进劳动密集型产业技术	政府
20 世纪 70～80 年代发展国家创新系统阶段	研发促进法，技术开发准备金制度，技术开发资金制度，对风险投资业的支援制度	消化吸收扩散引进先进技术，鼓励企业有选择地引进关键性技术设备，科技发展转向重化学工业，鼓励民间企业培养自身的研发及技术创新能力	政府
20 世纪 80 年代至今研发投入多样化精心规划阶段	开展先导技术计划（HAN），发展知识经济开展创造研究计划，国家研究实验室计划，21 世纪前沿计划，科技发展长远规划 2025 年构想，科技推动国家管理体制	技术创新重点转向高新技术产业，突出技术创新产品的多样化，重点发展资金密集型行业，从“引进—消化—模仿—吸收”向自主创新转变	民间企业 政府 大学

资料来源：陈劲（2013）。

转型国家波兰、匈牙利、捷克的科技创新政策与绩效成果各不相同，但科技创新系统均采取集中制。波兰科技创新系统在资金分配和治理方面采取集中制，波兰政局的动荡曾在东欧产生了多米诺骨牌效应，波兰政府近年来积极吸引外商对研发直接投资，处理外国投资的政府机构 PAIiIZ 将研发投资作为优先事项，经济发展部通过“2011—2020 年度波兰经济重点投资支持计划”向优先投资项目提供补贴。目前，波兰科技创新政策的重点集中在促进本土创新和出口，没有针对研发密集型外国投资者的新工具，所有企业都可以获得公共科技创新支持措施。匈牙利在创新计分排名中，位于中等创新国家之列，匈牙利政府在经济发展计划中给基础研究以特别优先权，包括开发新技术、依靠科学技术赚取硬通货等。竞争性拨款制度是新设立的“匈牙利科研基金”的核心部分，设立该基金是为了将政府对科研支持的重点重新转移到基础科学上。匈牙利国家科技创新系统实施管理和财务机构集中化，企业研发活动集中在少数大型跨国公司，在研发支出和研发人员数量方面均有显著增长。捷克在

2016 年的创新排名中被列为中等创新者，在科技创新系统资金配置和治理方面实施集中化管理，地方当局的主要作用仍然是推动结构性基金，公共研发资金一直以支持研究机构为主。近年来，创新政策的重点开始从支持企业内部研发转向刺激公私合作研发和研发成果商业化，专利的增长与许可协议的增加并不匹配，可见，大部分公共部门的专利都未被使用。

结合中国创新政策实施的演进历程可知，各国创新政策所面临的挑战逐渐趋向一致，国际化活动的不断增强改变了企业研发和创新活动，技术发展的国际性竞争越来越强烈，伴随着世界形势的发展变化以及创新政策的转变，发达国家和发展中国家创新国际化的发展趋势出现微妙变化。首先，自 20 世纪 80 年代开始，出于经济发展的需要以及对技术创新重要性认识的不断提高，各国技术创新政策数量剧增，在此阶段美国始终处于创新国地位，保持着技术的输出；日韩两国在此阶段已开始由技术引进向自主创新转变；中国在此阶段即改革开放初期，技术创新政策数量相对较低，但开始注重技术创新，并且以吸收和尽快应用世界先进的适用技术为主，到 20 世纪 90 年代以后，中国的创新政策才开始有数量上明显的增加。通过各国创新政策的制定与实施，一方面反映出中国加速发展技术创新，不断融入创新的国际化发展中，另一方面也说明中国的技术创新与美国、日本、韩国等发达国家相比，起步较晚，这与国情和经济发展阶段密切相关。其次，通过美国、日本、韩国、中国、波兰、匈牙利、捷克创新政策的比较，可以看出美国一直以来强调自主创新，政策导向以提升本国基础科学为主，并推动其成果商业化，加速国家间的技术转移；日本、韩国两国比较相似，由技术引进到模仿改进最后实现自主创新；中国的技术创新也是由引进开始，与日韩的创新发展进程类似，由于受经济和政治体制等因素的影响，中国的创新发展程度比日韩两国相对滞后，但创新发展速度较快，这在很大程度上受益于创新国际化发展，借鉴发达国家的新技术，通过模仿与学习，提升本国的创新发展；而世界格局演变后，美国调整了创新战略，中国等转型国家未来能否继续获得发达国家的新技术也充满不可预测性。最后，美国主要靠市场机制创新配置资源，日本、韩国两国的技术创新由政府主导逐渐转向民间企业，而中国创新发展仍以政府为主导，但企业的技术创新受到更大程度的重视，是未来中国创新国际化发展的重要实施者。

（二）创新政策工具的实施

从创新政策工具的选择来看，各国有所不同。结合特定的历史环境，通常包括研究开发的财政激励政策、各级政府的公共采购政策、风险资本政策及政府管制等，它们是一国刺激和促进技术创新活动的主要政策手段。表4－15比较了美国、日本、韩国、中国所选择的创新政策工具，四国均实施了财政激励政策，对研究与开发给予政策补贴；除日本外，其余三国都采取了公共采购和风险资本政策。匈牙利政府出台新的政策扶持企业研发和创新，以增强企业的竞争能力。对于转型国家而言，匈牙利政府计划在预算允许范围内继续对企业实行降税政策、加快行政审批速度、简化相关办事程序、增加企业获得资金扶持的机会；捷克政府积极支持中小企业的发展，对具有发展潜力和可提供就业机会的部门给予税收优惠，继续进行公共财政制度改革，努力降低预算赤字，增加对科研和教育部门的投资，解决失业问题。在创新政策实施过程中，可以看出中国仍存在一定的问题，如政策支持力度不足、技术创新政策的推动作用不显著、风险投资资金来源单一、政策不到位等，这些对创新发展起到一定的阻碍作用。因此，中国有必要借鉴国外成功的创新政策经验，推进中国创新型国家战略不断发展，并加快创新国际化进程，提高国际竞争实力。

表4－15　美国、日本、韩国、中国创新政策工具的选择

	财政激励政策	公共采购政策	风险资本政策
美国	研究开发补贴政策、税收优惠政策（研发支出税收减免、跨国企业收支配置、资本设备投资税收优惠）	《政府采购条例》、“放大集小”和“集大放小”	单个风险资本家、高技术互助基金、小企业投资公司、投资银行、主要企业集团的风险资本分部和子公司
	财政激励政策	政府协调政策	专利政策
日本	政府对民间研究开发的扶植、直接的财政科技投入、研究开发税收优惠（重大技术的研发设备税收优惠、增加实验开发研究费的税额扣除制度、引进外国技术的税收优惠措施）研发补助费、优惠融资措施	政府对科学技术研究活动的规划与指导、直接参与科学技术活动的组织与协调、对企业间合作进行研究开发活动给予激励与支持	政府对研究开发的法律保障、制定“科学技术基本计划”、确定八大领域为战略性技术研发重点、确立知识产权立国战略

续表

	财政激励政策	公共采购政策	风险投资政策
韩国	研发补贴（政府对企业研发活动直接给予补贴、优先支持企业研发活动、政策性贷款以低息向企业开发项目提供资金支持）、税收优惠（提取准备金、减免所得税或法人税、特别消费税、关税和地方税等）	公开竞争合同、有限竞争合同、指名竞争合同、随意合同、《供货商或制造商的登记程序与资格的规定》、《投标商资格条例》、《国外采购条款》、《投标文件、标单标准格式》	政府对风险投资启动阶段的支持（创业资金、金融政策、提供法律保障）、运作阶段的支持（《风险企业特别措施法》、评估专利产品销售额、免原料和设施进口关税等）、对二板市场的支持与管理（《健全“高斯达克”市场的政策》）
	政府资助研发及税收优惠政策	政府采购政策	风险投资发展政策
中国	重视研发经费的投入、对企业开发的新产品所带来的利润给予税收优惠、对技术引进和改造的优惠支持强于自主开发性技术创新的优惠	财政部主要职能之一、处于起步阶段、对技术创新都得推动作用尚不明显	高度重视风险投资、设立风险投资支持高新技术产业开发、目前仍存在一些问题如（规模较小、缺少筹资工具等）

资料来源：陈劲（2013）。

注：“放大集小”一是将政府采购业务量大的部门（如能源部、农业部、商业部等）授予完全依法自行采购权，二是将采购业务量相对少的部门由服务总局集中采购。“集大放小”是将实行集中采购的各部门的采购量大、需要专业技能的采购项目（如汽车购买和维修）实行集中采购，将其余各类采购由各部门依法自行采购。

八大领域包括生命科学、信息和通信、环境技术、纳米技术及材料、能源、制造技术、社会基础设施和尖端技术。

（三）中小企业创新政策的运用

中小企业在各国创新发展中发挥了不可或缺的作用，是一国技术创新的重要源泉。研究表明，美国中小企业创造的技术创新成果和数量超过全国总量的55%，是大企业人均技术创新量的2.5倍，在高技术企业中，中小企业占比为93%；日本对中小企业的扶植和推进在中小企业技术创新方面成效显著，是全球中小企业立法最健全、最完善的国家；韩国大企业掌握了主要的技术资金支持，创造了韩国经济大部分收入，但中小企业的贡献越来越大，政府对提高中小企业的研发活动愈加重视，鼓励企业建立自己的科研机构，承担国家科研计划任务，从事科技创新活动；20世纪90年代，中国提出《关于加强技术创新，发展高科技，实现产业化的决定》，陆续出台了扶持中小企业技术创新的政策措施，自此，中国开始关注中小企业技术创新的发展，并加大了对中小企业技术创新的研发投入与扶植力度。表4－16整理了美国、日本、韩国、中国四国对中小企业技术创新的政策支持，可以看出各国对中小企业技术创新都给予了高度重视，日本关于中小企业的法律法规最为全面与完善，中国加大了对中小企业科技创新政策的支持力度，通过一系列举措有力推动了中小企业技术创新活动的开展，并逐渐参与到创新国际化发展中。

表4－16　美国、日本、韩国、中国对中小企业技术创新的政策支持

美国	日本	韩国	中国
（1）制定促使中小企业技术创新的专门法律法规（《小企业法》《小企业投资法》《机会均等法》《小企业经济政策法》《小企业技术创新发展法》《加强小企业研究与发展法案》等）；（2）建立小企业管理局专门机构；（3）设立小企业技术创新奖励项目；（4）提供技术创新的金融扶持；（5）为中小企业技术创新提供全方位服务	（1）颁布诸多法律法规（《中小企业协同组合法》《防止不正当竞争法》《中小企业信用保险法》《中小企业信用保证协会法》《中小企业金融公库法》《中小企业振兴资金助成法》《中小企业信用保险公库法》《中小企业基本法》《中小企业现代化促进法》《中小企业事业团法》《中小企业技术开发促进临时措施法》《特定地区中小企业者事业转换对策临时措施法》《关于融汇不同领域中小企业者知识促进开拓新潮领域的临时措施法》《中小企业知道法》《承包中小企业振兴法》）；（2）设立中小企业发展的组织管理机构；（3）推进中小企业技术创新的税收优惠政策；（4）鼓励中小企业技术创新的财政金融政策	（1）免除兵役政策；（2）中小企业技术开发财政援助政策；（3）地方中小企业科技创新财政援助政策；（4）国家技术开发信贷担保基金；（5）为不同领域的中小企业合作与交流提供财政援助；（6）中小企业技术指导政策；（7）免费提供测试和试验设备；（8）政府优先采购政策；（9）中小企业初创时期的财政援助政策；（10）中小企业初创时期的孵化政策	（1）初步形成支持中小企业创新的法律框架（《专利法》《科技技术进步法》《中小企业促进法》《科技型中小企业技术创新基金的暂行规定》《关于进一步做好中小企业金融服务工作的若干意见》《关于建立中小企业信用担保体系试点的指导意见》《关于出售国有小型企业中若干问题意见的通知》《关于鼓励和促进中小企业发展的若干政策意见》《关于培育中小企业社会化服务体系若干问题的意见》）；（2）中小企业服务中介机构；（3）实施科技计划；（4）建立中小企业技术创新基金

资料来源：陈劲（2013）。

近年来，转型国家在推动中小企业创新方面加大了力度，如波兰在推动中小企业创新方面，通过制定新商业法，消除企业的法律障碍、简化相关机构在创新项目方面的合作程序、减少企业活动的形式成本，吸引更多创新企业落户波兰，充分发挥现有的技术转让中心、企业孵化器等机构的作用，促进科研机构服务经济；在企业发展局和国家研究发展中心采取“快车道”政策，简化决策程序；将创新支持政策纳入产业政策等其他战略；对知识产权给予积极的税务政策，扩大研发经费抵扣税款的范围，对创业者给予现金返还，为中小企业创业者实现创新成果商业化消除障碍。

二、模式演进

（一）美国创新国际化模式分析

发达国家在全球化创新中始终比较活跃，在科技研发投入、创新产出、海外投资的数量规模等领域，发达国家都是领先者。在技术创新引领时代变迁、知识经济不断发展的背景下，美国的自主创新成为发达国家的典范，并且在创新国际化发展浪潮中发挥了不可或缺的作用。美国政府鼓励创新，企业重视创新，知识产权保护意识极强。探究创新在美国成为一种潮流，促成这一潮流的不可忽视因素之一是美国企业的法律环境。美国是世界上对知识产权保护做得较好的国家，法律最大限度地保护创新者的权益。美国知识产权法对于侵犯知识产权的处罚规定异常严厉，如经济处罚以使侵权者没有能力再进行侵权为目的。在创新国际化的研究中，国际技术贸易是重要部分之一，跨国公司的技术转移使新技术在国际流动，推动创新国际化发展步伐。

根据本书对创新国际化研究的界定，对美国1995—2016年的研发投入（RD）、国际技术比较优势（IA）、创新能力（TP）进行整理归纳（见表4-17）。

表4-17　美国RD、IA和TP组合模式（1995—2016年）

变量	1995年	1996年	1997年	1998年	1999年	2000年	2001年	2002年	2003年	2004年	2005年
RD（%）	—	2.442	2.471	2.497	2.542	2.621	2.638	2.550	2.553	2.490	2.506
IA	—	3.692	3.307	2.863	2.987	2.568	2.470	2.331	2.545	2.588	2.970
TP	123962	106892	119214	134733	149251	164795	177513	184245	188941	189536	207867

续表

变量	2006 年	2007 年	2008 年	2009 年	2010 年	2011 年	2012 年	2013 年	2014 年	2015 年	2016 年
RD（%）	2.550	2.627	2.767	2.819	2.740	2.770	2.689	2.725	2.739	2.740	2.744
IA	3.310	3.499	3.629	3.358	3.526	3.531	3.385	3.531	3.471	3.557	3.003
TP	221784	241347	231588	224912	241977	247750	268782	287831	285096	288335	295327

资料来源：由世界银行数据库整理所得（“—”表示数据暂未取得）。

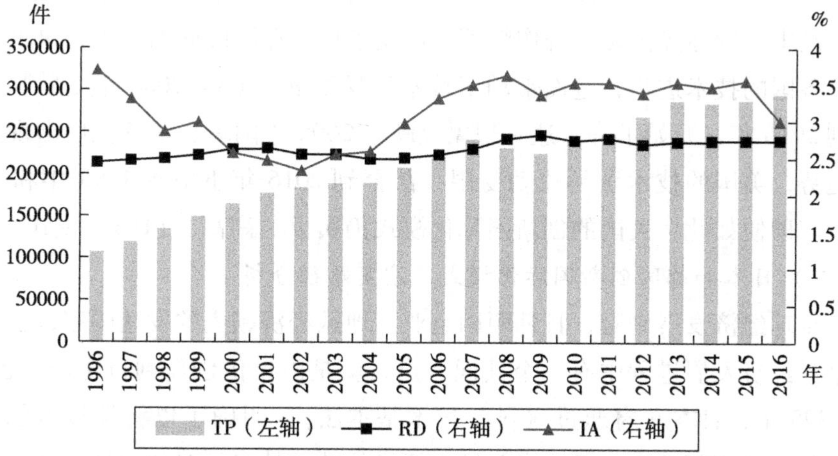

图 4－4　美国研发投入、国际技术比较优势和创新能力趋势

（资料来源：世界银行数据库）

由表 4－17 和图 4－4 可以看出，美国的研发投入较高，1996 年就已经超过 2%，总体来看基本呈递增趋势；国际技术比较优势数值较高，基本呈递减态势，1996 年为 3.692，一直下降到 2006 年有所回升，但 IA 数值始终大于 1，表明国际技术收入占技术支出的比重大于世界平均水平，具有比较优势；创新能力选取世界银行数据库中居民的专利申请量，从 TP 数值来看，创新能力较强，并且基本保持逐年递增。可见，1996—2016 年，美国的 RD 大于 2%，IA 大于 1，TP 较高，创新国际化发展模式属于内驱外拉模式，即“高高”（HH）模式，表明在研发强度上已经进入本土研发驱动阶段，在国际技术流动上也已经进入外部需求拉动阶段，创新投入相对较高，并且技术流动具备比较优势。依据技术差距理论，美国在创新国际化发展进程中处于创新国地位，具备技术优势，是较发达国家和发展中国家引进技术并进行模仿学习的主要对象。同时，通过技术流动（IA）指标可以看出：（1）1996—2002年呈下降趋势，这一时期全球科技发展刚刚起步，美国是科技创新的领跑者，当时的日本与美国是强有力的科技竞争对手，韩国虽然技术进步显著，但受到亚洲经济危机的影响，与美国的技术贸易往来并不活跃，而这一时期的中国等亚洲地区经济发展刚刚起步，技术创新主要靠外部引进，技术贸易受限。因此，在这一时期美国在一定程度上由于受到世界经济政治环境的影响，技术贸易呈现下降趋势。（2）2002—2008年迅速回升，这一时期全球化发展成为主流，各国都融入全球化浪潮中，国际经济贸易合作频繁，推动了技术在国际间的流动，也进一步推动了各国的技术进步，进而带动了技术贸易发展。（3）2008年以后基本持平，到2016年又开始下降，这一现象反映了2008年国际金融危机后出现逆全球化趋势，美国的技术贸易流动受限，甚至到2016年下滑到1999年和2005年水平，即便如此，美国的创新国际化模式仍属于“高高”（HH）模式。

（二）日本和韩国创新国际化模式及演变路径分析

从全球经济发展来看，日韩两国是亚洲地区经济领先的发达国家，在科技创新推动经济发展进程中有一个共同特点，就是由模仿创新到自主研发创新。早在1995年，日本政府通过《科学技术基本法》，明确了以科学技术创造立国之本的技术创新政策，日本自此结束了模仿欧美技术的时代，进入真正意义上的技术创新阶段（刘燕华等，2011）。韩国引进美国技术，结合本土化发展，创造世界领先的产品与专利技术。2003年，仅三星集团便取得1600项专利，在美国申请的专利数排名世界第五位，2007年由第五名上升到第二名（刘燕华等，2011）。彭博社2018年全球创新指数排行榜显示，韩国连续5年蝉联第一，创新指数7个分项中有6个都排名前五，已超过美国的技术创新水平。根据本书研究框架构建的创新国际化指标，将日本、韩国两国创新国际化发展模式及演变路径整理如下（见表4-18）。

表4-18　　　日本、韩国创新国际化发展模式及演变路径

年份	日本			韩国			组合路径演变	模式特点
	RD（%）	IA	TP	RD（%）	IA	TP	日本： “高低”（HL）模式（RD% >2%，IA<1）转向	“高低”模式表明研发投入较高，进入内驱模式阶段，但同
1996	2.691	0.606	339045	2.601	0.065	68405		
1997	2.770	0.692	349211	2.300	0.091	67359		
1998	2.873	0.745	357379	2.162	0.097	50596		

续表

年份	日本			韩国			组合路径演变	模式特点
	RD（%）	IA	TP	RD（%）	IA	TP		
1999	2.891	0.692	357531	2.067	0.141	55970	“高高”模式（RD%>2%，IA>1）；由内外双驱模式向内驱外拉模式转变。	时还要依赖国际技术流入本国，此时是内外双驱模式阶段。2003年以前的日本和韩国处于此阶段。
2000	2.904	0.765	384201	2.180	0.175	72831		
2001	2.972	0.784	382815	2.341	0.251	73714		
2002	3.014	0.798	365204	2.274	0.237	76570		
2003	3.045	0.962	358184	2.352	0.316	90313		
2004	3.029	1.052	368416	2.532	0.381	105250	韩国：“高低”模式（RD%>2%，IA<1）；内外双驱模式（IA始终没有超过1，但2009年以来，韩国的研发投入RD已超过日本）。	“高高”模式表明在研发强度上已经进入本土研发驱动阶段，在国际技术流动上也已经进入外部需求拉动阶段。2004年以后的日本处于此阶段。
2005	3.182	1.230	367960	2.626	0.440	122188		
2006	3.278	1.286	347060	2.831	0.439	125476		
2007	3.338	1.319	333498	3.000	0.324	128701		
2008	3.335	1.478	330110	3.123	0.440	127114		
2009	3.228	1.377	295315	3.293	0.473	127316		
2010	3.139	1.517	290081	3.466	0.371	131805		
2011	3.247	1.562	287580	3.744	0.613	138034		
2012	3.209	1.686	287013	4.026	0.476	148136		
2013	3.316	1.898	271731	4.149	0.472	159978		
2014	3.399	2.011	265959	4.289	0.553	164073		
2015	3.284	2.413	258839	4.217	0.695	167275		
2016	3.147	2.168	260244	4.239	0.787	163424		

资料来源：由世界银行数据库整理所得。

由表4－18可以看出，日本的技术流动（IA）指标上升较明显，韩国的研发投入（RD）增长较快，日韩两国的研发投入、国际技术比较优势和创新能力基本均呈上升趋势，2019年以来，韩国的研发投入指标高于日本，而其余指标日本均高于韩国，尤其是国际技术比较优势指数（IA），韩国远低于日本，说明在创新国际化发展进程中，日本的国际技术贸易流动比较活跃，技术在国际间的流动比较频繁，国际技术合作较多；而韩国虽然研发投入较高，但在国际技术贸易流动方面相对较弱，韩国技术贸易推动经济进一步发展还有较大的提升空间，同时也说明韩国较高的创新指数得益于较高的研发强度。

（三）波兰、匈牙利和捷克创新国际化模式的路径演变

转型国家波兰、匈牙利、捷克的研发投入和国际技术比较优势都不如发达国家明显。随着经济全球化的不断发展，越来越多的国家开始注重研发创新能力，新兴市场国家也逐渐参与到创新体系国际化进程中，但研发投入相对较低，创新能力的提升主要依靠外部技术的引进（见表4－11）。将研发投入（RD）和国际技术比较优势指数（IA）结合分析，可以得出研发投入与国际技术流动组合的四种模式，即创新国际化模式“低低”（LL）、“低高”（LH）、“高高”（HH）、“高低”（HL）。根据上述分析，得到三国研发投入与国际技术流动的组合模式，以及目前所处的发展阶段（见表4－19）。结果发现波兰和捷克始终呈现LL的组合模式，匈牙利由LL模式转向LH模式，三国的研发投入仍然较低，创新能力主要靠外部技术的引进。

表4－19　　波兰、匈牙利、捷克创新国际化模式的演化路径

国家	演化路径	目前阶段	模式特点
波兰	LL模式→LL模式	LL模式 外部技术驱动模式	“低低”（LL）模式表明一国的研发投入较低，也不具备技术比较优势，主要依靠引进技术、外部驱动国家创新能力的提升
匈牙利	LL模式→LH模式	LH模式 外部技术拉动模式	“低高”（LH）模式表明一国的研发投入仍然较低，主要靠引进技术流入，但该国的国际技术流入已经向流出转变，说明该国的创新体系国际化模式开始由外部驱动向外部需求拉动模式转变
捷克	LL模式→LL模式	LL模式 外部技术驱动模式	（同波兰）

（四）美国、日本、韩国、中国、波兰、匈牙利、捷克七国创新国际化模式的演变

通过对发达国家和转型国家研发投入、创新能力和国际技术流动的比较，可以看出，发达国家的这3个指标均相对较高，转型国家相对较低，中国比较特殊，研发投入水平在7个国家中处于中等水平，创新能力处于最高水平，而技术流动水平最低，说明中国已经加大了对研发投入和产出的力度，对专利保护重要性的认识不断提升，但技术贸易失衡导致国际流动能力相对较弱。基于本书所选创新国际化的指标组合，将美国、日本、韩国、中国、波兰、匈牙利、捷克七国的创新国际化模式归纳总结如下（见图4－5和表4－20）。

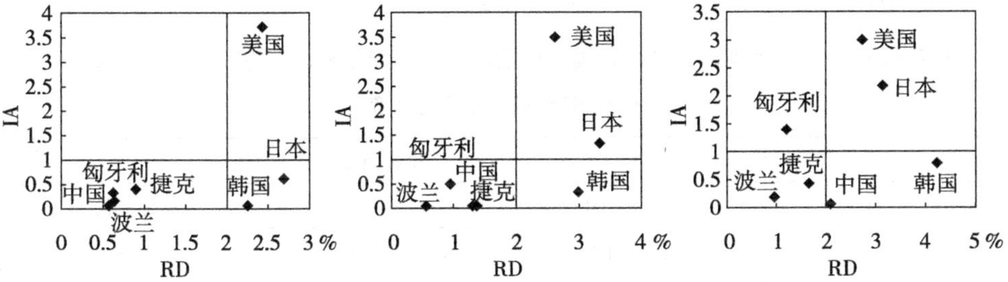

图4-5　七国1996年（左）、2007年（中）和2016年（右）的创新国际化模式演变

从图4-5可以看出，1996年以来美国创新国际化一直处于内驱外拉模式，研发投入和技术流动实现双高，创新国际化程度世界领先，但技术流动有下降的趋势；日本从2004年开始由内外双驱模式转向内驱外拉模式，技术流动进一步加强；韩国自1996年至2012年，始终处于内外双驱模式，比较技术优势指数仍未超过1，但研发投入水平非常高；中国创新国际化模式与韩国路径相似，1996年的创新国际化模式在七国中处于最落后状态，但发展速度飞快，2014年RD超过2%，由外部技术驱动模式转向内外双驱模式，研发投入与韩国有一定差距，比较技术优势指数低，纯技术贸易的国际流动能力较弱；波兰和捷克创新国际化至今仍然处于外部技术驱动模式，RD和IA属双低状态，创新能力主要靠外部技术的引进，捷克的RD接近2%，与中国创新国际化模式路径相似；匈牙利自2010年后创新国际化模式由外部技术驱动模式转向外部技术拉动模式，技术流动水平仅次于美国和日本，其RD也越来越接近2%，未来几年加大研发投入，匈牙利有进入高高模式的可能，但受到历史因素和政治等因素的影响，匈牙利创新国际化发展与发达国家仍有较大差距，从创新产出来看，与中国也相差甚远。总之，中国创新国际化组合模式由“低低”向“高低”转变，研发投入有所加强，但始终需要依赖国际技术流入，以提高创新能力及创新成果实践应用的转化；从演化过程来看，中国的创新国际化模式发展程度远不如美、日、韩三国，高于波兰和捷克，与匈牙利路径差异较大；在当下，研发投入和技术流动比较优势都不及韩国，但中韩两国创新国际化组合模式处于同一阶段，即内外双驱模式，并且两国创新国际化模式基本呈现相同的发展路径，在某种程度上说明中国创新发展可以通过借鉴韩国创新经验提高整体创新能力及经济增长水平，并且有向日本模式转变的趋势，进而转向美国模式，这也是今后中国创新国际化发展趋势及最优模式的路径选择。

表 4 - 20　　美国、日本、韩国、中国、波兰、匈牙利、捷克七国创新国际化模式演变

国家	模式演变		
美国	"高高"（HH）	RD% >2%，IA >1	内驱外拉模式
日本	"高低"（HL） ↓ "高高"（HH）	RD% >2%，IA <1 ↓ RD% >2%，IA >1	内外双驱模式 ↓ 内驱外拉模式
韩国	"高低"（HL）	RD >2%，IA <1	内外双驱模式
中国	"低低"（LL） ↓ "高低"（HL）	RD% <2%，IA <1 ↓ RD% >2%，IA <1	外部技术驱动模式 ↓ 内外双驱模式
波兰	"低低"（LL）	RD% <2%，IA <1	外部技术驱动模式
匈牙利	"低低"（LL） ↓ "低高"（LH）	RD% <2%，IA <1 ↓ RD% <2%，IA >1	外部技术驱动模式 ↓ 外部技术拉动模式
捷克	"低低"（LL）	RD% <2%，IA <1	外部技术驱动模式

第三节　创新国际化水平的比较

一、研发强度

当下，各国创新活动越加频繁，中国创新投入发挥了越来越显著的作用。图 4 - 6 是 1996—2016 年美、日、韩、中、波、匈、捷的研发投入占 GDP 比重（RD），各国均不断加强。中国的 RD 低于发达国家美、日、韩，高于转型国家波、匈、捷，但增长速度较快，到 2014 年中国的 RD 指标超过 2%，说明创新国际化模式正在从外部驱动转向内部驱动。发达国家美、日、韩三国很早就开始重视创新研发投入，1996 年 RD 就已高于 2%，美国和日本的 RD 相对平稳，韩国增长最显著，到 2015 年已达到 4. 22816，远远超过中国的研发投入水平，且韩国创新能力的提升主要靠内驱推动。转型国家波、匈、捷的 RD 均小于 2%，波兰的 RD 最低，在 2000—2008 年递减，2008 年国际金融危机之后开始递增，到2015年刚刚接近1%，RD水平较低；其次是匈牙利，基本呈上升趋势，2009年RD超过1%，研发投入有所加强；捷克的RD逐年递增，相对较高，自1998年开始，RD就已超过1%，到2014年基本接近2%水平，且变化幅度最明显，国家内部研发投入较其他两国高，由于三国的RD%均小于2%，说明三国还没有进入内部创新驱动阶段，主要依靠外部技术驱动实现国家创新成长。可见，中国在20世纪90年代的创新投入相对有限，进入21世纪以来，研发投入力度越来越大，虽不及发达国家美、日、韩，但高于转型国家波、匈、捷，目前，中国的创新投入介于发达国家与转型国家之间，仍有很大的提升空间。

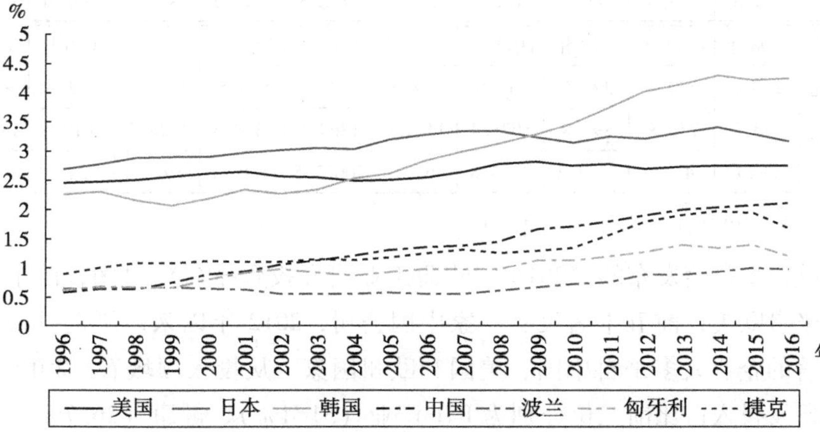

图4-6　1996—2016年美国、日本、韩国、中国、波兰、匈牙利、捷克七国研发投入占GDP比重

（资料来源：世界银行数据库）

近年来，中美两国的年研发投入总量逐渐接近，但两国研发投入的活动类型存在较大差异，中国研发经费用于基础研究的比例仅为5%，而美国这一比例则达到17%，可见，中国将更多的资金用于布局和发展目前所急需解决的科技问题上。从表4-21可以看出，1998—2017年这20年，中国不同类型的研发活动均呈现逐年递增的趋势，基础研究、应用研究和试验发展①从1998年

① 基础研究指实验或理论工作主要是为了获得一个基于现象与观测事实基础的新知识，并没有任何特定的实践应用或计划用途。应用研究最初为了获得新知识，直接目的是一个特定的实用目标。试验发展是一个系统工程，从研究和实际经验获得的知识，针对新材料、产品和设备的生成，建立新的工艺、系统和服务。

的 28.9 亿元、124.6 亿元和 397.5 亿元上升到 2017 年的 975.5 亿元、1849.2 亿元和 14781.4 亿元，涨幅显著；从三种研发活动来看，基础研究投入最低，占较低份额，试验发展投入最高，占较高份额，这也是中国研发体系的一个显著特征，并且近年来这种模式得到加强，表明中国近 20 年的研发支出大幅度增加是由大规模的试验发展投入所致。

表 4 - 21　　1998—2017 年中国不同研发活动类型　　单位：亿元

研发活动	1998 年	1999 年	2000 年	2001 年	2002 年	2003 年	2004 年	2005 年	2006 年	2007 年
基础研究	28.9	33.9	46.7	52.2	73.8	87.7	117.2	131.2	155.8	174.5
应用研究	124.6	151.5	151.9	175.9	246.7	311.4	400.5	433.5	489	492.9
试验发展	397.5	493.5	697	814.3	967.2	1140.5	1448.7	1885.3	2358.4	3042.8
研发活动	2008 年	2009 年	2010 年	2011 年	2012 年	2013 年	2014 年	2015 年	2016 年	2017 年
基础研究	220.8	270.3	324.5	411.8	498.8	555	613.5	716.1	822.9	975.5
应用研究	575.2	730.8	893.8	1028.4	1162.0	1269.1	1398.5	1528.6	1610.5	1849.2
试验发展	3820	4801	5844.3	7246.8	8637.6	10022.5	11003.6	11925.1	13243.4	14781.4

资料来源：中国统计年鉴，2002—2018 年。

据欧盟委员会发布的《2018 年欧盟工业研发投资排名》可知，前十名企业大多来自欧美，前五十名仅有一家中国公司，2012 年以来，研发投入强度变化显著的企业大多来自中国、美国和欧州国家。从投入领域看，2017 年美国产业研发投入占比前三位分别为 ICT 产业（51.4%）、健康（26.7%）和汽车（7.8%）；中国排名前三位的产业分别是 ICT 产业（44.7%）、汽车（11.4%）和健康（3.4%）；欧盟则以汽车产业为主，占比为 30.5%，其次是健康，占比为 22.4%，ICT 排在第三位，占比为 20.1%；日本排名前三位的产业分别是汽车（30.8%）、ICT 产业（24.9%）和健康（12.4%），与欧盟较为类似。国际金融危机以来，美国与中欧相比，在 ICT 和健康领域的领先优势日益突出，而在汽车领域，欧盟公司强于中美。可见，世界格局演变下中、美、日、欧的研发投资领域侧重各不相同，但大多集中在 ICT 领域、健康领域、汽车及交通领域。目前，从研发强度来看，中国不及欧美国家和日本，但已将重点集中在全系统的人工智能领域，如自动驾驶汽车、先进的医疗设备、机器人和金融技术等，在未来将成为与美国竞争最激烈的技术行业之一。

二、专利申请量

从创新能力来看，美、韩、波、匈、捷等国的专利申请量（TP）基本保持缓慢递增，日本呈下降趋势，中国上涨变化最为显著（见图4－7）。发达国家与转型国家的专利申请量存在较大差距，美、日、韩三国远远高于波、匈、捷三国。2009年以前，日本的创新能力最强，其次是美国、韩国，到了2010年，中国赶超其他国家，成为专利申请量最多的国家，由1996年的11628件增加到2016年的1204981件，创新能力的提升比较显著。中国的研发投入远低于发达国家，但创新能力却高于发达国家，而日本甚至出现下降趋势，由此发现发达国家的研发投入和国际技术流动指标均高于中国，而近年来创新能力指标却低于中国。一方面由于数据可得有限，以居民专利申请量衡量创新能力有一定的局限性；另一方面说明存在创新能力受到RD和IA以外因素影响的可能性，如GDP水平、产业结构等；此外，中国居民申请专利后真正应用于实践的部分较少，这是有待进一步研究和解释的问题。中国加入世界贸易组织以后，在保护知识产权方面取得了很大进展，设立了一些知识产权法庭专门解决知识产权侵权问题。随着技术流动和创新的不断发展，中国已经逐渐意识到知识产权的重要性，只有知识产权得到有效的保护，才有可能成为创新型国家。

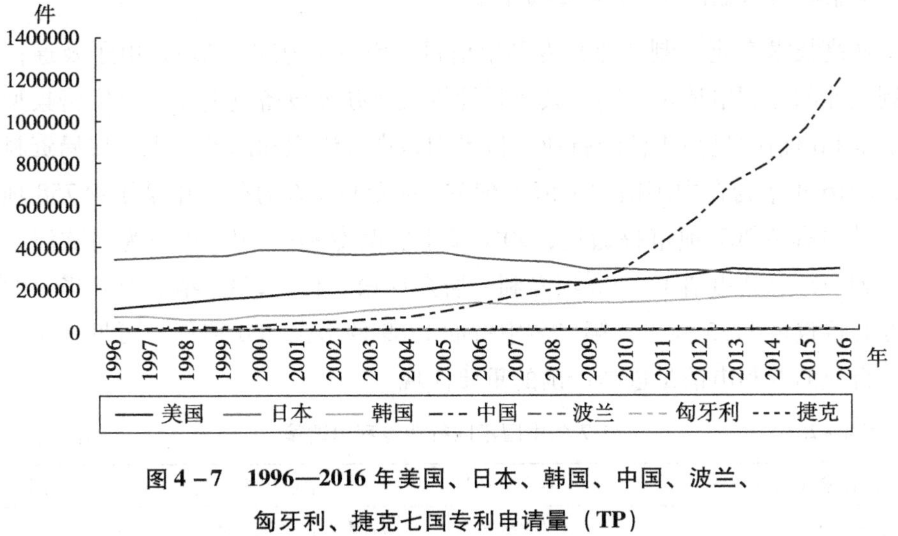

图4－7　1996—2016年美国、日本、韩国、中国、波兰、匈牙利、捷克七国专利申请量（TP）

（资料来源：世界银行数据库）

近年来，中国的专利申请主要来自企业，企业专利申请的绝对量要远高于高校和科研机构。如表 4－22 所示，2015—2017 年企业、高校和科研机构的专利申请量都呈增长态势，涨幅分别为 21.9%、31.4% 和 17.3%，其中，高校的专利申请涨幅较高，是推动创新发展不可忽视的一股力量。从不同性质企业的专利申请量来看，2017 年中国内资企业的专利申请量为 688531 件，高于港澳台投资企业的 67597 件和外商投资企业的 60909 件，在内资企业中私营企业的专利申请量最高，其次为有限责任公司、股份有限公司。此外，据统计，2017 年港澳台企业和外商投资企业的新产品出口占比分别为 29.4% 和 21.4%，加总已超过占主导地位的内资企业新产品出口占比（49.2%），可见，在创新国际化发展的进程中也不应忽视港澳台企业和外商投资企业对创新产出与绩效的影响。

表 4－22　　不同主体专利申请量　　单位：件

不同主体	2015 年		2016 年		2017 年	
	专利申请	专利授权	专利申请	专利授权	专利申请	专利授权
企业	638513	—	715397	—	817037	—
高校	190351	127329	236665	149524	277524	169679
科研机构	46559	30104	52331	32442	56267	35350

资料来源：中国统计年鉴（2016—2018 年）。

从高技术产业（制造业）专利申请量来看（见表 4－23），电子及通信设备制造业的专利申请量较高，其次是计算机及办公设备制造业，研发密集型行业的专利申请明显高于传统行业。世界知识产权组织和国家知识产权局资料显示，2016 年华为在中国国内申请了 64091 项专利，在海外共申请了 48758 项专利，其中有 74307 项审核通过，90% 属于发明专利；2017 年华为向欧洲专利局（EPO）总共申请了 2398 项专利，居全球第一位；2018 年上半年华为的发明专利授权量 1775 件，比第二名中石油 1569 件多出 200 多件。可见，研发密集型行业的专利申请是创新产出的重要体现。

表 4－23　　2017 年中国不同行业专利申请量　　单位：件

高技术（制造业）产业	专利申请量	主要传统行业	专利申请量
医药制造业	19878	煤炭开采和洗选业	3179
电子及通信设备制造业	141487	石油和天然气开采业	3140

续表

高技术（制造业）产业	专利申请量	主要传统行业	专利申请量
计算机及办公设备制造业	20702	食品制造业	8293
医疗仪器设备及仪器仪表制造业	31287	纺织服装、服饰业	5653
信息化学品制造业	2271	造纸及纸制品业	5184

资料来源：中国统计年鉴（2018 年）。

从国内外三种专利①申请量和专利授权量来看（见表 4－24），2016 年和 2017 年发明和实用新型的专利申请量和授权量都有所增长，而外观设计略有下降，但总量仍有增加，其中，实用新型的专利量最高，外观设计的专利量最低，且相差较大，可见，中国专利申请主要以发明和实用新型为主；三种专利中“发明”的国外申请量最多，“实用新型”的国内占比最高，在一定程度上反映了国外专利注重自主知识产权技术的核心指标，而国内专利更关注技术含量的科技成果；近两年间国外专利申请量和授权量平均占比分别为 4.5% 和 6.7%，创新产出的国际化比例仍相对较低，创新国际化发展有待进一步提高。

表 4－24　2016 年和 2017 年中国国内外三种专利申请量和授权量　单位：件

专利	申请量		授权量	
指标	2016 年	2017 年	2016 年	2017 年
发明	1338503	1381594	404208	420144
国内	1204981	1245709	302136	326970
国外	133522	135885	102072	93174
实用新型	1475977	1687593	903420	973294
国内	1468295	1679807	897035	967416
国外	7682	7786	6385	5878
外观设计	650344	628658	446135	442996
国内	631949	610817	429710	426442
国外	18395	17841	16425	16554
合计	3464824	3697845	1753763	1836434

① 专利是专利权的简称，是对发明人的发明创造经审查合格后，由专利局依据专利法授予发明人和设计人对该项发明创造享有的专有权，包括发明、实用新型和外观设计。其中，“发明”（专利）指对产品、方法或者其改进所提出的新的技术方案，是国际通行的反映拥有自主知识产权技术的核心指标。“实用新型”（专利）指对产品的形状、构造或者其结合所提出的适于实用的新的技术方案，反映具有一定技术含量的技术成果情况。“外观设计”（专利）指对产品的形状、图案、色彩或者其结合所作出的富有美感并适于工业上应用的新设计，反映拥有自主知识产权的外观设计成果情况。

续表

专利	申请量		授权量	
指标	2016 年	2017 年	2016 年	2017 年
国内	3305225	3536333	1628881	1720828
国外	159599	161512	124882	115606
国内占比	95.4%	95.6%	92.9%	93.7%
国外占比	4.6%	4.4%	7.1%	6.3%

资料来源：由中国统计年鉴（2018 年）整理所得。

从不同国家在中国的专利申请量和授权量来看，2017 年国外专利申请量和授权量分别为 161512 件和 115606 件，其中专利申请量最多的国家是日本的 46734 件，其次是美国的 42922 件，德国和韩国的专利申请量分别是 16860 件和 16581 件，排名第三和第四，高于其他欧洲国家，更远高于亚洲和一些转型国家（见图 4－8）。可见，中国接受的外国专利数存在较大的地区差异，大部分来自美、日、韩和欧盟的一些国家，这与国家高新技术产业区的开发与合作密切相关，也是国家政策导向的必然结果，可以通过加大与亚洲地区和转型国家的技术合作来提高创新产出，推动中国创新国际化发展的进程，进而实现经济的创新发展。

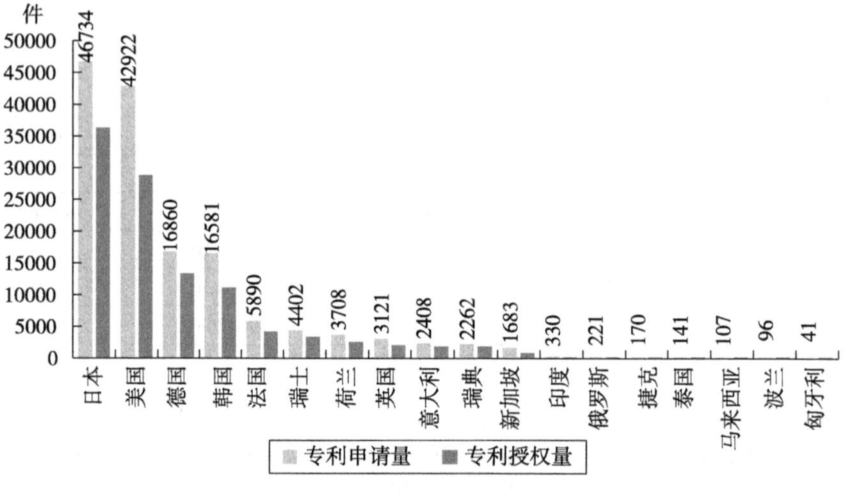

图 4－8　2017 年按国别分国外专利申请量和授权量

［资料来源：中国统计年鉴（2018 年）］

从国际专利申请来看，中国逐渐成为专利申请大国，2002 年以来申请《专利合作条约》（PCT）[①] 数量增长了 2 倍之多。40 年前 PCT 开始运作以来美国申请量保持榜首之位，占 2017 年 PCT 申请总量 243500 件的近四分之一，中国申请量首次超过日本，排名第二，占 PCT 申请总量的 20.1%（见表 4-25）。可见，在改革不断深化和国际经济一体化融合发展的背景下，中国专利申请也逐渐走向世界，创新产出呈现国际化发展趋势。

表 4-25　　2017 年全球前十名国家 PCT 申请量和 PCT 总量占比　单位：件，%

排名	国别	PCT 申请量	PCT 总量占比
1	美国	56624	23.3
2	中国	48882	20.1
3	日本	48208	19.8
4	德国	18982	7.8
5	韩国	15763	6.5
6	法国	8012	3.3
7	英国	5567	2.3
8	瑞士	4491	1.8
9	荷兰	4431	1.8
10	瑞典	3981	1.6

资料来源：*Patent Cooperation Treaty Yearly Review* 2018。

从 PCT 申请主体来看，中国 2 家电信公司华为技术有限公司和中兴通讯成为 2017 年的最大申请人，分别有 4024 件和 2965 件公布申请，其次是美国的英特尔公司和日本的三菱电机，前十位申请人及 2017 年其名下公布的 PCT 申请量见表 4-26，来自中国的企业有 3 家，美、日、韩各有 2 家，瑞典 1 家。从申请 PCT 的技术领域来看，计算机技术在 PCT 申请中占比最高，占已公布 PCT 申请总量的 8.6%，其次是占 8.2% 的数字通信，再次是电气机械、电气装置和电能（6.8%）及医疗技术（6.7%），可见，中国创新国际化道路有广阔的发展空间。

① PCT 是目前世界知识产权组织（WIPO）最大的国际知识产权申请体系。

表 4-26　　2017 年全球前十位 PCT 申请人及其申请量　　单位：件

排名	申请人名称	国别	申请量
1	华为技术有限公司	中国	4024
2	中兴通讯	中国	2965
3	英特尔公司	美国	2637
4	三菱电机	日本	2521
5	高通公司	美国	2163
6	LG 电子	韩国	1945
7	京东方科技集团有限公司	中国	1818
8	三星电子有限公司	韩国	1757
9	索尼公司	日本	1735
10	爱立信	瑞典	1564

资料来源：*Patent Cooperation Treaty Yearly Review* 2018。

综上分析可知，近年来中国的专利申请量逐渐递增，尤其在 2006 年以后涨幅明显；企业的专利申请量高于高校和科研机构，尤其是内资企业的专利申请占比较高；研发密集型行业的专利申请高于传统行业，尤其是电子及通信设备制造业的专利申请量最高，且中国专利申请大部分出自江浙一带和沿海地区，这与华为、中兴通讯等电信公司较高的创新产出密切相关；此外，中国专利申请主要以发明和实用新型为主，来自国外（主要是日、美、德、韩）的专利申请注重自主知识产权技术的核心指标，而国内专利更关注技术含量的科技成果；中国 PCT 申请量增长快于美、日、韩等国家和地区，2017 年已排名第二，仅次于美国，在全球前十位申请人中，中国企业有 3 家，美、日、韩各 2 家，瑞典 1 家，足可见中国创新国际化发展虽刚刚起步，但发展前景可观。

三、国际技术比较优势

从技术流动的比较优势来看，1996 年以来，各国的国际技术比较优势指数（IA）基本呈上升趋势，美国遥遥领先，远超过日、韩、中、波、匈、捷等国，在国际上处于技术流动绝对优势地位，技术创新的国际化流动能力最强。美国 IA 指数于 2001 年开始上升，但在 2008 年国际金融危机以后出现下降，世界经济格局演变对美国技术流动产生了较大影响。日本的技术流动水平逊于美国，涨幅在所统计的国家中最为明显；第三位是匈牙利，技术贸易流动的波动较大，自2010年开始IA大于1，说明匈牙利的国际技术流动模式由技术驱动转向技术拉动，国家间技术流动具有一定的比较优势；第四位是韩国，1996—2017年国际技术比较优势指数基本呈上升趋势，2016年达到0.77300，接近1，说明韩国创新国际化模式正在转向内驱外拉协同模式；IA指数排在后三位的国家分别是捷克、波兰和中国，其中捷克的IA未超过0.5；波兰的IA指数基本呈上升趋势，介于0.03~0.2，至2017年始终小于1，国际竞争力相对较低；中国的IA指数最低，介于0.02~0.18，从IA指标来看，中国的国际技术流动不具备比较优势。中国较低的IA水平在很大程度上归结于中国技术贸易的进出口存在极大的不平衡性，技术贸易进口额（技术贸易支出）远远高于技术贸易出口额（技术贸易收入）。图4-9反映了1996年以来中国与美、日、韩、波、匈、捷国际技术比较优势指数的变化趋势，由于受到国际金融危机和欧债危机的影响，美国、匈牙利、捷克和波兰的技术贸易流动相对波动频繁，到2017年IA指数均有下降趋势；而日本、韩国和中国波动相对较小，中国的IA指数水平虽然较低，但近年来有明显的上升趋势。

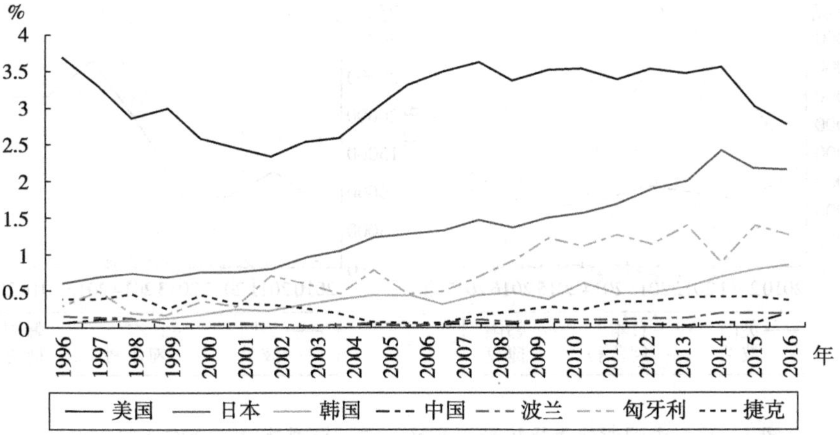

图4-9　1996—2017年美国、日本、韩国、中国、波兰、匈牙利、捷克国际技术比较优势（IA）指数

（资料来源：世界银行数据库）

可见，世界形势的转变对各国技术贸易产生显著的影响，进而影响创新国际化的发展。国际金融危机后，美国缩减了技术贸易的流动，日、韩基本保持上升趋势，转型国家波、匈、捷的技术流动并不稳定，中国在外部环境发生变化的情况下，加大了技术贸易的流动，创新国际化模式处于内外双驱型。

四、跨国投资实现的技术流入与流出

2018 年联合国发布的《世界投资报告》显示，受政局不稳定、政策变化较大、全球经济增长缓慢等因素影响，2017 年全球外国直接投资下降 23%，为 1.43 万亿美元，跨国公司对外投资的积极性有所下降，投资低迷可能影响外国投资的长期前景，中国的对外投资首次出现下降，尽管下降幅度很大，在全球排名中仍保持在第三位，仅次于美国和日本，“一带一路”国家和地区逐渐成为中国跨国公司投资重要方向，与转型国家波、匈、捷的贸易往来愈加紧密。2010—2017 年，中国与美、日、韩外商直接投资额（FDI）和对外经贸合作承包工程完成营业额（FECCP）仍远高于波、匈、捷三国；对日 FDI 最高，但在 2014 年显著下降；对美 FECCP 最高，2015 年达到顶峰后有所下降。中国与转型国家波、匈、捷的经贸合作呈现一定的波动性，与美、日、韩相比仍处于较低水平，合作空间很大。

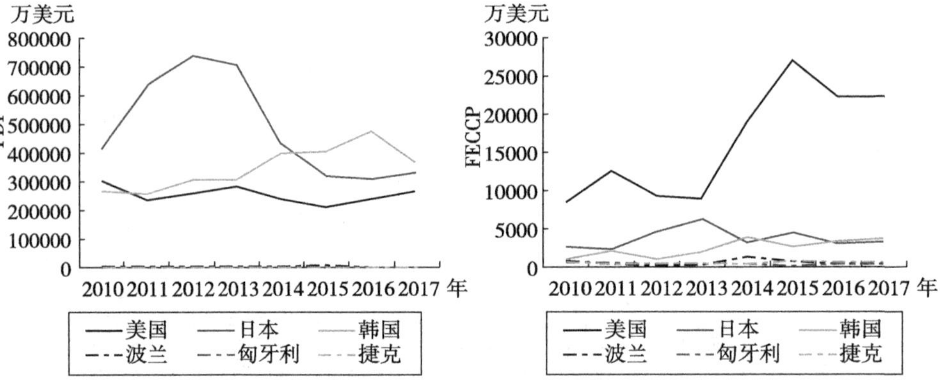

图 4－10　中国对外直接投资（FDI，左）与对外经济合作承包工程完成营业额（FECCP，右）

（资料来源：中国统计年鉴，2011—2018 年）

从双向投资量来看，2014 年以前中国的实际利用外资额高于对外直接投资额，“引进来”多于“走出去”；2015 年以来发生了变化，对外直接投资额超出实际利用外资额，中国加大了“走出去”的步伐，也是未来中国对外投资的发展态势。2018 年，全行业对外直接投资 1298.3 亿美元，同比增长

4.2%。2017年对外直接投资1582.9亿美元，实际利用外资额1310.4亿美元，资本净输出272.5亿美元，且双向对外投资行业略有不同（见表4－27）。无论是对外直接投资额还是外商实际使用金额，排名前五的投资行业都集中在租赁和商务服务业、制造业、批发和零售业、房地产业及信息传输、软件和信息技术服务。其中，由于2017年对投资行业审核加大了限制，房地产业被列为限制类行业，其对外直接投资额明显下降，同比下降了55.1%；外商对信息传输、软件和信息技术服务的投资额（排名第二）远远高于中国对其的直接投资额（排名第八），可见，中国的信息技术吸引了大量外国资金流入中国，加速了技术创新在国家间的流动。

表4－27　　2017年中国双向投资流量行业排名（前五）　　单位：亿美元

排名	对外直接投资		外商实际使用金额	
	行业	金额	行业	金额
1	租赁和商务服务业	542.7	制造业	335.1
2	制造业	295.1	信息传输、软件和信息技术服务	209.2
3	批发和零售业	263.1	房地产业	168.6
4	金融业	187.9	租赁和商务服务业	167.4
5	房地产业	68	批发和零售业	114.8

资料来源：中国统计年鉴（2018年）。

从2017年中国全球化活动跨国并购投资看（见表4－28），跨国并购投资总额1196.2亿美元，占对外直接投资总额的75.6%，其中直接投资334.7亿美元，占并购总额的28%，占中国对外直接投资总额的21.2%；境外投资861.5亿美元，较上年增长70%，分别占并购总额和对外直接投资总额的72.0%和54.4%；2017年完成并购431起，涉及国家56个，涉及行业18个，行业门类齐全，分布广泛，其中对外制造业的并购金额最多。通常，化学和医药行业、电子行业、信息和通信产业等行业的技术全球化相对较高；而传统机械制造业和一些特殊的研发密集型行业（如宇航工业、半导体等）技术创新的全球化程度相对较低。可见，中国由跨国并购带来的技术创新国际化程度还有很大的提升空间。

表4－28　　2017年中国跨国并购投资情况

全球化活动	金额	较上年变动	占并购总额比重	占OFDI总额比重
跨国并购投资	1196.2亿美元	－11.6%	—	75.6%

续表

全球化活动	金额	较上年变动	占并购总额比重	占 OFDI 总额比重
直接投资	334.7 亿美元	—	28.0%	21.2%
境外投资	861.5 亿美元	+70.0%	72.0%	54.4%

资料来源：中国商务部、国家统计局、国家外汇管理局，《2018 年度中国对外直接投资统计公报》。

从跨国并购的区域合作来看，亚洲、欧洲和北美洲是中国 2018 年并购数量较多的地区，与“一带一路”沿线国家的跨国并购增长较快（见表 4-29）。物流、生物技术、信息通信领域、生物医药等行业是中国企业和投资者主要的并购领域，并朝着高附加值、高质量方向持续优化，通过并购获得优质资产以及先进技术，提高企业的国际竞争力，为东道国经济发展注入强大动力，解决资金链不畅的问题，并创造大量就业。目前，中国企业开始向全球价值链的高端领域发力，高端制造业和高科技行业成为中国企业海外投资并购所关注的重点，尤其是人工智能、大数据及云服务等新一代信息技术领域的直接投资和并购逐渐增多。可见，随着全球企业不断实现跨国并购，技术创新的国际化与全球化越来越广泛，中国的技术转移越来越频繁，创新国际化程度越来越高，进一步加速了中国走向创新型国家的发展之路。

表 4-29　　2018 年中国跨国并购的国际活动

并购地区	跨国并购活动	其他
亚洲	香港与中国在亚洲地区实现并购的项目最多	并购数量 39 起、涉及金额 28.8 亿美元
	收购马来西亚宝腾汽车 49.9% 股份	成为宝腾汽车独家外资战略合作伙伴
	收购阿布扎比国家石油公司 12% 股权	—
欧洲	收购瑞士先正达公司 98.06% 股权	最大海外并购项目
	收购希腊国家电网公司 24% 的股权	—
	收购伦敦希思罗机场 10% 的股份	—
	获得曼彻斯特“空港城”的建设参与权	—
	收购西班牙诺特姆港口公司 51% 的股份	—
北美洲	美国与中国企业并购数量居第二位	并购项目 82 起、金额 120.3 亿美元
	收购美国希尔顿酒店 25% 股权	受中美经贸摩擦影响及美国《外国投资风险评估现代化法案》的影响，中国对美国高技术投资可能受到更多的阻碍
	收购美国 CIT 飞机租赁业务 100% 股权	
	收购美国丹德里昂医药公司	

续表

并购地区	跨国并购活动	其他
大洋洲	澳大利亚吸引中国企业在大洋洲并购投资最多	吸引中国企业并购投资超过50亿美元
拉丁美洲	中国企业在拉美的并购投资活动以巴西为主	吸引中国企业并购投资近80亿美元
“一带一路”沿线国家	占中国企业对全球并购投资总额的13.6%，较上年增长近9个百分点	并购项目76起、金额162.8亿美元、较上年增长145%
	印度尼西亚、新加坡、印度、以色列、俄罗斯等国家吸引中国企业并购投资超过10亿美元	凸显了“一带一路”建设的引擎作用

资料来源：商务部，《中国对外投资发展报告2018》。

从通信行业的对外投资来看，中国电信与全球100多家领先互联网运营商建立了互联；中兴、华为等企业广泛参与全球信息基础设施建设，实现海外收入占比超过50%，服务全球170多个国家和地区，中国普天信息产业股份有限公司建立海外机构10余家；中国通信服务股份有限公司在海外43个国家和地区设立了子公司或办事处，业务覆盖亚、非、拉和中东60多个国家和地区；百度、腾讯等企业纷纷走出国门，进军国际市场，推动全球电子商务平台的实现，通过互联网创造的新实体经济，支持全球80%的小企业进入全球市场，腾讯微信产品全球月活跃用户数突破10亿大关；以长飞、亨通、烽火、中天、富通为代表的光纤光缆企业海外发展强劲，正大力实施“走出去”战略，如中天科技的产品远销全球147个国家地区，在“一带一路”沿线61个国家和地区的销售额占整体海外销售总额的比重超过70%，亨通公司在全球34个国家国家和地区设立营销技术服务分公司并建立6个海外研发产业基地，遍布欧洲、南美、南非、南亚、东南亚等国家和地区①。可见，这一时期技术不断走出国门，创新国际化进程进一步加快。

从与转型国家波兰、匈牙利、捷克三国高技术产品进出口的贸易占比来看（见图4－11），波兰和捷克的高技术出口比重呈递增趋势，匈牙利和中国出现先增后减的变化，2004年达到最高，而后有所下降，总体来看，中国的高技术出口要高于波兰、匈牙利、捷克三国；波兰和捷克的高科技产品进口低于匈

① 资料来源：商务部，《中国对外投资发展报告2018》。

牙利和中国，说明东欧转型国家波、匈、捷的国家创新能力不及中国，在高技术出口方面不具优势。波兰进口占比高于出口占比，匈牙利出口占比高于进口占比，捷克进口占比与出口占比基本持平，中国在 2003 年以后转变成出口占比高于进口占比。总体看来，2008 年以来，转型国家在高技术产品的进出口方面有上涨趋势，但受到 2012 年欧债危机的影响，东欧转型国家波、匈、捷的高技术产品贸易波动较大。

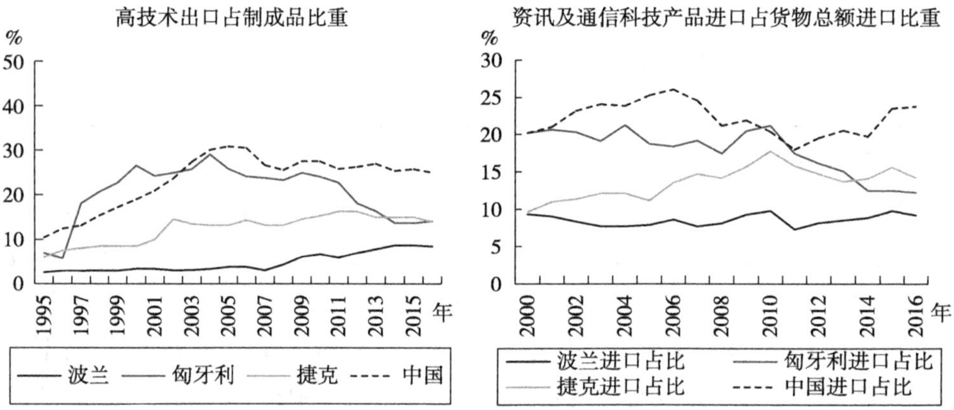

图 4-11　1995—2016 年波兰、匈牙利、捷克与中国高技术进出口占比变化趋势

［资料来源：世界银行数据库（右图 2000 年以前数据暂未取得）］

第四节　小结

本章通过与发达国家美、日、韩和转型国家波、匈、捷的研发投入、国际技术流动和创新能力等指标的比较，进一步分析了中国创新国际化模式的演变与发展，国际化发展进程的加速和全球创新体系的演变，驱使中国创新模式向更加开放的国际化模式转变，为中国实现创新驱动经济增长奠定了重要的基础。知识产权保护意识的加强，促使外资企业技术更多地流入中国，跨国投资与合作推动了中国研发活动的增长，持续不断的 FDI 流动是影响中国获得复杂先进技术的重要因素之一。目前，一些大的跨国公司开始在中国设立全球研发中心，在很大程度上推进了中国技术创新的国际化发展水平。从跨国投资行业来看，发达国家的高技术行业对创新国际化发展的推动作用明显高于转型国家波兰、匈牙利、捷克和中国。此外，创新政策的实施与政府的激励是缩小与发达国家创新国际化发展差距的又一重要因素，积极、开放的创新政策导向，可以激励中国本土企业通过国际化、全球化获得外部知识，为创新活动提供更广阔的发展空间。与此同时，2008 年以来，世界经济政治格局发生变化，美国地位出现衰落，中国和新兴经济体地位逐渐上升，在一定程度上威胁着美国的发展，所以美国对技术创新在国家间的流动有所制约，这一点从高技术产品的贸易往来和国际技术比较优势指数便可以看出（见表 4 - 3、表 4 - 4 和图 4 - 10）。后金融危机时代出现全球化向逆全球化转变趋势，创新国际化内涵、方式等也随之改变。原来全球化时代技术引进带给中国巨大改变，中国在全球化进程中获利，如今逆全球化趋势显现，在外部约束条件国际环境改变下，中国及后发国家如何再获利，并找到适合创新国际化发展的最优模式，成为文章探讨的重中之重。综上所述，虽然世界形势外部环境发生变化，但创新国际化仍旧是中国未来的发展趋势，研究创新国际化及其经济增长效应问题也成为经济领域所关注的重点问题。

第五章　中国创新国际化的增长效应分析

众所周知，创新对一国经济增长起到不可或缺的推动作用。随着全球经济的不断发展，创新的国际化趋势越加显著，如何让创新发挥更大的作用，对经济发展产生更加深远的影响，离不开时代背景下创新国际化对经济增长的推动。本章依据投入产出模型，采用主成分分析方法将创新投入、创新产出和国际技术流动指标组合成创新国际化指标，建立创新国际化对经济增长的回归方程，并与发达国家美、日、韩和转型国家波、匈、捷进行比较，分析中国创新国际化的经济增长效应，为更好地提出中国创新国际化促进经济增长的可行性对策提供合理依据。

第一节　经济增长和创新发展阶段分析

一、创新发展国际化变量 Pearson 相关系数检验

为了进一步分析创新国际化对经济增长的贡献并更好地借鉴其他国家创新国际化发展的经验，将中、美、日、韩及波、匈、捷等国创新国际化主要指标进行相关性分析，运用 Pearson 相关系数检验，整理各国与中国的 RD—IA，RD—TP，IA—TP 之间的相关性（见表 5 - 1）。从发达国家美日韩来看，日本和韩国的 RD—IA、RD—TP、IA—TP 之间的相关性均在 1% 水平下显著相关；美国除 RD—TP 在 1% 水平下显著相关外，RD—IA 和 IA—TP 相关性并不显著；中国的相关性结果与美国相似；从转型国家波、匈、捷和中国来看，波兰和匈牙利的研发投入与国际技术比较优势、国际技术比较优势与创新能力显著相关，捷克和中国的相关性不显著，波、匈、捷和中国研发投入与创新能力均呈现较强的相关性，说明几个国家创新能力的提升主要靠国内研发投入的增

加；波兰的研发投入与创新能力相关性较强，相关系数达 0.939，且国际技术比较优势与创新能力的相关系数 0.693，要高于其他三国；匈牙利的研发投入、国际技术比较优势与创新能力成负相关，说明匈牙利即便加大研发投入或加强国际技术流动，也没能提高创新能力，技术流动没有获得核心技术和创新能力，应该不断提升知识与技术的消化吸收能力和成果转化能力；捷克和中国的创新能力与研发投入显著正相关，与国际技术流动关联性不强。综上所述，各国创新国际化指标间 RD—TP 的相关性较高，均在 1% 水平下显著正相关，说明各国的研发投入和创新能力之间是相互影响、相互推进的。如果要提升创新国际化程度，有必要综合考量各个指标，使其共同发挥作用。同时也反映出中国在进一步推动创新国际化进程中，可以参照美国模式，对经济发展创造更大的贡献。

表 5－1　　中国、美国、日本、韩国、波兰、匈牙利、捷克创新国际化变量 Pearson 相关系数

国家	RD—IA 相关系数	IA—TP 相关系数	RD—TP 相关系数
美国	0.427	0.390	0.797 **
日本	0.798 **	－0.891 **	－0.603 **
韩国	0.849 **	0.919 **	0.936 **
波兰	0.762 **	0.693 **	0.939 **
匈牙利	0.882 **	－0.656 **	－0.626 **
捷克	0.241	0.177	0.896 **
中国	0.400	0.153	0.861 **

资料来源：世界银行数据库（以 2010 年不变价美元计量）。

注：＊和＊＊分别表示在 5% 和 1% 的水平上显著。

二、创新发展国际化环境比较分析

本节分析创新国际化与经济发展阶段的相关性。迈克尔．波特（Porter，1990）在研究中提出，一国竞争力发展需要技术驱动和创新驱动，科技创新是经济发展阶段的重要体现之一，并且可以依据经济发展阶段衡量创新能力。本节选用产业结构和经济水平作为经济发展阶段的变量，产业结构采用服务业附加值与工业增加值的比例指标，经济水平采用人均 GDP 指标。根据表 5－2 中的相关性结果可以看出，美国的研发投入、国际技术贸易流动和创新能力与产业结构显著相关，且相关系数为正，说明美国创新国际化对产业结构优化具有较强的推动作用，而经济发展水平与研发投入强度和创新能力显著正相关，与国际技术流动的相关性不显著；日本的经济发展水平与 RD、IA 和 TP 的相关性显著，且均高于产业结构与创新国际化指标的相关性，说明日本的经济发展水平与创新国际化进程关系更加紧密，创新能力与经济水平负相关；韩国经济水平与 RD、IA 和 TP 的相关性均显著正相关，而产业结构的相关性显著负相关，说明韩国的经济发展水平对创新国际化发展具有积极的推动作用；波、匈、捷的研发投入和创新能力与经济发展阶段显著相关，国际技术流动与经济发展阶段的相关性不显著，经济水平变量比产业结构变量更具显著性。其中，波兰的创新体系国际化指标与产业结构负相关，与经济水平正相关；匈牙利的创新体系国际化指标与产业结构不相关，与经济水平显著相关，研发投入和国际技术比较优势与经济水平正相关，而创新能力与经济水平负相关，二者并没有推进带动作用；捷克和中国的情况比较相似，研发投入和创新能力与经济水平显著相关，与国际技术比较优势不相关，且中国经济水平与研发投入、创新能力的相关性比捷克更显著。中国的研发投入和创新能力与经济发展阶段显著相关，而国际技术流动与经济发展阶段不显著相关，在一定程度上说明技术贸易的国际流动及比较优势并没有明显地推进中国经济发展，并且经济发展水平变量比产业结构变量更具显著性，中国通过经济水平指标可以较好地反映中国创新国际化与经济发展阶段的相关性。创新国际化发展是技术跨国流动的体现，而技术跨国流动主要通过产业转移和人才流动等途径实现。实践表明，中国承接了发达国家大量的产业转移，随着技术创新能力的不断提升，当前仍迫切需要依托新技术体系建立战略性新兴产业，同时对传统产业进行改造与升级。在新旧产业交替改进升级过程中，创新国际化发挥了重要的推动作用。

表 5-2　创新国际化变量与经济发展阶段变量 Pearson 相关系数

国家	参照变量	RD	IA	TP
美国	产业结构	0.813**	0.631**	0.893**
	经济水平	0.701**	0.280	0.958**
日本	产业结构	0.677**	0.646**	-0.581**
	经济水平	0.826**	0.939**	-0.756**
韩国	产业结构	-0.883**	-0.892**	-0.969**
	经济水平	0.936**	0.937**	0.980**

续表

国家	参照变量	RD	IA	TP
波兰	产业结构	−0.828**	−0.707**	−0.862**
	经济水平	0.748**	0.491*	0.855**
匈牙利	产业结构	0.210	0.353	−0.189
	经济水平	0.844**	0.742**	−0.656**
捷克	产业结构	−0.551*	0.207	−0.692**
	经济水平	0.793**	−0.240	0.789**
中国	产业结构	−0.510**	−0.073	−0.418*
	经济水平	0.975**	−0.260	0.940**

资料来源：世界银行国民经济核算数据，以及经济合作与发展组织、国民经济核算数据文件（以2010年不变价美元计量）。

注：*和**分别表示在5%和1%的水平上显著。

第二节　创新国际化的经济增长效应分析

一、创新国际化指标的相关性检验

经过创新国际化变量的相关性检验，发现RD、IA和TP之间具备较强的相关性，在下文创新国际化与经济增长的回归分析中，有必要先对创新国际化指标进行相关性检验。国际技术流动包括国际技术收入和国际技术支出，本书利用SPSS软件对研发投入、国际技术收入、国际技术支出和创新能力进行相关性分析，结果见表5-3。从表5-3中可以看出各国变量之间相关系数值均在0.01水平（双侧）下显著相关，说明核心解释变量之间相关性较强，可以使用主成分分析法对变量进行主成分分析，从中提出共同因子，作为衡量创新国际化指标的代理变量。

表5-3　美国、日本、韩国、波兰、匈牙利、捷克、中国的RD、TR_i、TP_i、TP之间相关性分析结果

国家	RD与TR_i	RD与TP_i	RD与TP	TR_i与TP_i	TR_i与TP	TP_i与TP
美国	0.982**	0.987**	0.983**	0.976**	0.971**	0.979**
日本	0.735**	0.861**	−0.658**	0.952**	−0.894**	−0.819**

续表

国家	RD 与 TR_i	RD 与 TP_i	RD 与 TP	TR_i 与 TP_i	TR_i 与 TP	TP_i 与 TP
韩国	0.961 **	0.962 **	0.954 **	0.944 **	0.930 **	0.939 **
波兰	0.952 **	0.976 **	0.918 **	0.919 **	0.915 **	0.850 **
匈牙利	0.956 **	0.939 **	-0.731 **	0.906 **	-0.711 **	-0.662 **
捷克	0.884 **	0.985 **	0.931 **	0.899 **	0.892 **	0.916 **
中国	0.944 **	0.988 **	0.975 **	0.949 **	0.902 **	0.948 **

资料来源：由世界银行数据库计算所得。

注：**表示在0.01水平（双侧）下显著相关。

二、创新国际化指标的平稳性检验

采用ADF方法对RD、TR_i、TP_i、TP四个变量进行平稳性检验，滞后阶数按AIC最小化准则确定，主要选择有截距项和趋势项，结果见表5-4（数值为P值）。可以看出，美、日、韩、波、匈、捷和中国RD、TR_i、TP_i和TP变量在原序列下均未通过检验，是非平稳序列存在单位根，但一阶差分和二阶差分均通过检验，结合相关性分析结果，可以对研发投入、国际技术流动和创新能力进行主成分分析降维，确定创新体系国际化指标。

表5-4　美国、日本、韩国、波兰、匈牙利、捷克、中国RD、TR_i、TP_i、TP的单位根检验结果（ADF检验）

序列	国家	RD_t	TR_{it}	TP_{it}	TP_t
原序列	美国	0.1263	0.8498	0.0006 ***	0.0720 *
	日本	0.8037	0.1046	0.9067	0.2682
	韩国	0.1237	0.7924	0.2272	0.0757 *
	波兰	0.5778	0.9824	0.1034	0.6875
	匈牙利	0.9843	0.7385	0.8294	0.0897 *
	捷克	0.5543	0.7918	0.4060	0.4175
	中国	0.0293 **	0.1575	0.5590	1.0000
一阶差分	美国	0.0265 **	0.0714 *	0.0000 ***	0.0155 **
	日本	0.0596 **	0.0002 ***	0.0000 ***	0.0425 **
	韩国	0.0219 **	0.0008 ***	0.0280 **	0.0019 ***
	波兰	0.0538 **	0.0001 ***	0.0034 ***	0.0134 **

续表

序列	国家	RD_t	TR_{it}	TP_{it}	TP_t
	匈牙利	0.0633 *	0.0153 **	0.0068 ***	0.0348 **
	捷克	0.0960 *	0.0670 *	0.0010 ***	0.0150 **
	中国	0.210	0.0001 ***	0.0013 ***	0.7438
二阶差分	美国	0.0044 ***	0.0007 ***	0.0000 ***	0.0003 ***
	日本	0.0078 ***	0.0002 ***	0.0000 ***	0.0013 ***
	韩国	0.0023 ***	0.0000 ***	0.0009 ***	0.0007 **
	波兰	0.0060 ***	0.0000 ***	0.0000 ***	0.0047 ***
	匈牙利	0.0016 ***	0.0001 ***	0.0037 ***	0.0140 **
	捷克	0.0007 ***	0.0000 ***	0.0000 ***	0.0001 ***
	中国	0.0207 **	0.0015 ***	0.0013 ***	0.0012 ***

注：*、**、***分别表示在10%、5%、1%水平下显著，下同。

三、主成分分析

根据美、日、韩、波、匈、捷、中国 RD、TR_i、TP_i、TP 的单位根检验结果和相关性分析，现利用 SPSS 软件先对七国的研发投入、国际技术收入、国际技术支出、创新能力进行主成分分析（见表 5-5 至表 5-11）。

表 5-5　美国 RD、TR_i、TP_i、TP 变量解释的总方差及成分得分系数矩阵

成分	初始特征值			提取平方和载入			成分指标	成分
	合计	方差贡献率（%）	累积的方差贡献率（%）	合计	方差贡献率（%）	累积的方差贡献率（%）		1
1	3.939	98.482	98.482	3.939	98.482	98.482	美国 RD	0.253
2	0.029	0.730	99.211	—	—	—	美国 TR_i	0.252
3	0.020	0.505	99.716	—	—	—	美国 TP_i	0.251
4	0.011	0.284	100.000	—	—	—	美国 TP	0.252

注：提取方法为主成分分析法。下同。

由表 5-5 美国总方差解释可知，主成分特征值为 3.939，方差贡献率为 98.482%，得到主成分表达式，即美国创新国际化（IIU）指标为

$$IIU = 0.253RD + 0.252TR_i + 0.251TP_i + 0.252TP$$

同理，对其他六国的研发投入、国际技术收入、国际技术支出、创新能力

进行主成分分析，得到结果如表5－6至表5－11所示。

表5－6 日本RD、TR_i、TP_i、TP变量解释的总方差及成分得分系数矩阵

成分	初始特征值			提取平方和载入			成分指标	成分
	合计	方差贡献率（%）	累积的方差贡献率（%）	合计	方差贡献率（%）	累积的方差贡献率（%）		1
1	3.467	86.679	86.679	3.467	86.679	86.679	日本RD	0.251
2	0.381	9.520	96.199	—	—	—	日本TR_i	0.278
3	0.136	3.402	99.601	—	—	—	日本TP_i	0.282
4	0.016	0.399	100.000	—	—	—	日本TP	−0.262

日本的主成分特征值为3.467，方差贡献率为86.679%，得到主成分表达式，即日本创新国际化（IIJ）指标为

$$IIJ = 0.251RD + 0.278TR_i + 0.282TP_i - 0.262TP$$

表5－7 韩国RD、TR_i、TP_i、TP变量解释的总方差及成分得分系数矩阵

成分	初始特征值			提取平方和载入			成分指标	成分
	合计	方差贡献率（%）	累积的方差贡献率（%）	合计	方差贡献率（%）	累积的方差贡献率（%）		1
1	3.845	96.130	96.130	3.845	96.130	96.130	韩国RD	0.257
2	0.071	1.773	97.904	—	—	—	韩国TR_i	0.254
3	0.054	1.354	99.258	—	—	—	韩国TP_i	0.255
4	0.030	0.742	100.000	—	—	—	韩国TP	0.254

韩国的主成分特征值为3.845，方差贡献率为96.130%，得到主成分表达式，即韩国创新国际化（IIK）指标为

$$IIK = 0.257RD + 0.254TR_i + 0.255TP_i + 0.254TP$$

表5－8 波兰RD、TR_i、TP_i、TP变量解释的总方差及成分得分系数矩阵

成分	初始特征值			提取平方和载入			成分指标	成分
	合计	方差贡献率（%）	累积的方差贡献率（%）	合计	方差贡献率（%）	累积的方差贡献率（%）		1
1	3.766	94.148	94.148	3.766	94.148	94.148	波兰RD	0.263
2	0.159	3.969	98.117	—	—	—	波兰TR_i	0.259
3	0.064	1.592	99.709	—	—	—	波兰TP_i	0.256
4	0.012	0.291	100.000	—	—	—	波兰TP	0.252

波兰的主成分特征值为 3.766，方差贡献率为 94.148%，得到主成分表达式，即波兰创新国际化（IIP）指标为

$$IIP = 0.263RD + 0.259TR_i + 0.256TP_i + 0.252TP$$

表 5－9　匈牙利 RD、TR$_i$、TP$_i$、TP 变量解释的总方差及成分得分系数矩阵

成分	初始特征值			提取平方和载入			成分指标	成分
	合计	方差贡献率（%）	累积的方差贡献率（%）	合计	方差贡献率（%）	累积的方差贡献率（%）		1
1	3.466	86.644	86.644	3.466	86.644	86.644	匈牙利 RD	0.282
2	0.406	10.144	96.788	—	—	—	匈牙利 TR$_i$	0.278
3	0.093	2.313	99.101	—	—	—	匈牙利 TP$_i$	0.274
4	0.036	0.899	100.000	—	—	—	匈牙利 TP	-0.237

匈牙利的主成分特征值为 3.466，方差贡献率为 86.644%，得到主成分表达式，即匈牙利创新国际化（IIH）指标为

$$IIH = 0.282RD + 0.278TR_i + 0.274TP_i - 0.237TP$$

表 5－10　捷克 RD、TR$_i$、TP$_i$、TP 变量解释的总方差及成分得分系数矩阵

成分	初始特征值			提取平方和载入			成分指标	成分
	合计	方差贡献率（%）	累积的方差贡献率（%）	合计	方差贡献率（%）	累积的方差贡献率（%）		1
1	3.754	93.855	93.855	3.754	93.855	93.855	捷克 RD	0.261
2	0.140	3.498	97.353	—	—	—	捷克 TR$_i$	0.252
3	0.094	2.343	99.696	—	—	—	捷克 TP$_i$	0.261
4	0.012	0.304	100.000	—	—	—	捷克 TP	0.257

捷克的主成分特征值为 3.754，方差贡献率为 93.855%，得到主成分表达式，即捷克创新国际化（IICR）指标为：

$$IICR = 0.261RD + 0.252TR_i + 0.261TP_i + 0.257TP$$

表 5－11　中国 RD、TR$_i$、TP$_i$、TP 变量解释的总方差及成分得分系数矩阵

成分	初始特征值			提取平方和载入			成分指标	成分
	合计	方差贡献率（%）	累积的方差贡献率（%）	合计	方差贡献率（%）	累积的方差贡献率（%）		1
1	3.854	96.356	96.356	3.854	96.356	96.356	中国 RD	0.258
2	0.102	2.548	98.904	—	—	—	中国 TR$_i$	0.251

续表

成分	初始特征值			提取平方和载入			成分指标	成分
	合计	方差贡献率（%）	累积的方差贡献率（%）	合计	方差贡献率（%）	累积的方差贡献率（%）		1
3	0.038	0.951	99.855	—	—	—	中国 TP_i	0.257
4	0.006	0.145	100.000	—	—	—	中国 TP	0.253

中国的主成分特征值为3.854，方差贡献率为96.356%，得到主成分表达式，即中国创新体系国际化（IIC）指标为

$$IIC = 0.258RD + 0.251TR_i + 0.257TP_i + 0.253TP$$

将各国创新国际化指标值进行计算整理，与其他变量共同建立回归方程。

四、建立方程

根据投入产出理论，建立引入创新国际化指标的索洛生产函数。假设规模报酬不变，建立索洛增长模型和柯布—道格拉斯生产函数

$$Yt = At\,Kt^{\alpha}\,Lt^{\beta}$$

由于 $\alpha + \beta = 1$，得到回归方程式：

$$Yt/Lt = At(Kt/Lt)^{\alpha}$$

其中，Yt 为产出，Kt 为物质资本，Lt 为人力资本，α 为平均物质资本产出份额，β 为平均人力资本产出份额（李军军和周利梅，2012）。为研究创新国际化以及影响经济增长的重要因素，将创新国际化（II）和其相关指标研发人员投入（RDP）、外商直接投资净流入（FDI）及贸易开放度（TRO）等指标引入模型，建立反映创新国际化与经济增长的函数扩展关系式：

$$Y_t = A_0 e^{\gamma_1 II + \gamma_2 RDP_t + \gamma_3 FDI_t + \gamma_4 TRO_t} K_t^{\ \alpha} L_t^{\ \beta}$$

对其进行线性化处理，两边取对数，最终建立方程：

$$\ln(Y_t/L_t) = \ln A_0 + \gamma_1 II + \gamma_2 RDP_t + \gamma_3 FDI_t + \gamma_4 TRO_t + \alpha\ln(K_t/L_t)$$

其中，t 表示年份。

Y 选用各国 GDP 水平反映一国的经济增长，*GDP* 是一个经济体内所有居民生产者创造的增加值的总和加上任何产品税并减去不包括在产品价值中的补贴。GDP 总额计算基于现价美元；K 采用固定资本形成总额（以前称为国内固定投资总额），包括土地改良（围栏、水渠、排水沟等），厂房、机器和设

备的购置，建设公路、铁路以及学校、办公室、医院、私人住宅和工商业建筑等，依照1993年国民经济核算体系（SNA），贵重物品的净收入也被视为资本形成，基于现价美元；*L*采用劳动力总数，包括所有年满15周岁、符合国际劳工组织对从事经济活动人口所作定义的群体；α表示人均投入产出弹性，α越大表明物质资本的产出份额越大（李军军和周利梅，2012）。

*II*表示RD、TR_i、TP_i、TP利用主成分分析法降维后，按权重得到的创新国际化指标。

*RDP*表示研发人员投入（每百万人）。研发研究人员是指参与新知识、新产品、新流程、新方法或新系统的概念成形或创造，以及相关项目管理的专业人员，包括参与研发的博士研究生。

*FDI*表示外商直接投资净流入，它是股权资本、收益再投资、其他长期资本及国际收支平衡表中显示的短期资本之和，反映一国对资本的吸收能力，以现价美元计价。

*TRO*表示贸易开放，采用商品进出口总额衡量，是影响经济增长的重要因素，以现价美元计价。

γ_1、γ_2、γ_3、γ_4为变量系数。

美国、日本、韩国、波兰、匈牙利、捷克和中国的模型变量数据及指标说明均源自世界银行数据库，创新国际化指标数据由主成分分析结果整理所得。

五、方程的单位根检验

采用ADF检验方法对方程进行单位根检验，滞后阶数按AIC最小化准则确定，选择有截距项和趋势项，所得结果如表5-12所示，数值为P值。可以看出，美国、日本、韩国、波兰、匈牙利、捷克和中国的时间序列在原序列和一阶差分下均未完全通过检验，是非平稳序列存在单位根，但二阶差分均通过检验，可以进一步进行协整检验。

表5-12　美国、日本、韩国、波兰、匈牙利、捷克和中国时间序列的单位根检验结果（ADF检验）

序列	国家	Log（y_t/L_t）	II_t	RDP_t	FDI_t	TRO_t	Log（K_t/L_t）
原序列	美国	0.5434	0.0556*	0.0709*	0.2641	0.2852	0.0884*
	日本	0.0296**	0.3377	0.1524	0.1536	0.7322	0.0901*

续表

序列	国家	$Log(y_t/L_t)$	II_t	RDP_t	FDI_t	TRO_t	$Log(K_t/L_t)$
	韩国	0.5878	0.1212	0.0917 *	0.0088 ***	0.7128	0.4970
	波兰	0.9704	0.5770	0.9769	0.1698	0.4648	0.9531
	匈牙利	0.9843	0.9842	0.7194	0.2780	0.7861	0.9862
	捷克	0.9793	0.5560	0.3765	0.0106 **	0.4502	0.9658
	中国	0.3519	0.0292 **	0.3779	0.7484	0.4926	0.7850
一阶差分	美国	0.2199	0.1032	0.0018 ***	0.0060 ***	0.0089 ***	0.1742
	日本	0.0921 *	0.0589 *	0.0043 ***	0.0098 ***	0.0066 ***	0.0053 ***
	韩国	0.0001 ***	0.0220 **	0.0695 *	0.0084 ***	0.0306 **	0.4337
	波兰	0.0405 **	0.0525 *	0.0518 *	0.0039 ***	0.0076 ***	0.1761
	匈牙利	0.0437 **	0.1324	0.0453 **	0.0522 *	0.0171 **	0.1020
	捷克	0.1056	0.2819	0.0506 **	0.0013 ***	0.0188 **	0.1138
	中国	0.9972	0.5690	0.0169 **	0.0292 **	0.1934	0.9591
二阶差分	美国	0.0255 **	0.0044 ***	0.0027 ***	0.0001 ***	0.0065 ***	0.0554 *
	日本	0.0345 **	0.0077 ***	0.0000 ***	0.0047 ***	0.0119 **	0.0144 **
	韩国	0.0000 ***	0.0023 ***	0.0045 ***	0.0163 **	0.0005 ***	0.0000 ***
	波兰	0.0002 ***	0.0059 ***	0.0031 ***	0.0010 ***	0.0002 ***	0.0053 ***
	匈牙利	0.0359 **	0.0013 ***	0.0030 ***	0.0081 ***	0.0001 ***	0.0022 ***
	捷克	0.0017 ***	0.0488 **	0.0004 ***	0.0001 ***	0.0001 ***	0.0010 ***
	中国	0.0011 ***	0.0208 **	0.0068 ***	0.0002 ***	0.0024 ***	0.0081 ***

注：*、**、***分别表示在10%、5%、1%水平下显著。下同。

六、方程的协整检验

常用的协整检验方法是E—G两步法，用于判断变量间是否存在长期稳定关系。首先对两个或多个变量进行回归后，其次对残差进行单位根检验，判断残差是否平稳，用于说明变量间的协整关系。对美国、日本、韩国、波兰、匈牙利、捷克和中国的时间序列进行协整检验，结果均通过检验，说明变量间有长期稳定关系，可以继续参数估计（见表5－13）。

表 5-13　　时间序列协整检验结果（E—G 两步法）

国家	t 值	p 值	是否通过检验
美国	-3.714252	0.0008***	是
日本	-4.002435	0.0004***	是
韩国	-4.447760	0.0001***	是
波兰	-3.916831	0.0005***	是
匈牙利	-4.723869	0.0001***	是
捷克	-3.714976	0.0008***	是
中国	-2.192177	0.0305**	是

七、实证过程与回归分析

在通过对方程进行单位根和协整检验后，分别对美国、日本、韩国、波兰、匈牙利、捷克和中国时间序列进行参数估计，以便比较这些国家在1996—2016 年创新国际化发展对经济增长的影响程度。线性回归模型的经典假设之一就是模型的随机干扰项相互独立，当模型的随机干扰项不满足该假设时，则存在序列相关性；如果模型出现序列相关性，仍采用最小二乘（OLS）法估计参数，可能产生参数估计量非有效、变量的显著性检验失去意义、模型预测失效等不良后果（杜江，2016）。因此，本书采用广义差分法估计参数，处理序列相关性，对模型结果进行调整。由表 5-14 可知，各国模型的拟合优度很高，均通过了线性的 F 显著性检验，模型整体显著性很强；从变量系数的 p 值来看，除了匈牙利创新国际化指标 IIH 未通过显著性检验，其余各国的创新国际化指标均在 5% 和 1% 的性水平上显著，且系数值较高，说明创新国际化指标对经济增长产生重要影响；研发人员投入只有韩国和中国通过了显著性检验，且系数非常小，甚至为负，说明研发人员投入数量对经济增长的影响比较复杂，不仅注重投入数量，还要考虑研发人员的素质、水平和专业方向等因素；而外商直接投资净流入和进出口贸易指标的显著性检验通过率较低，可见，在加入创新国际化指标以后的模型中，创新国际化对经济增长的影响程度更为重要。

表 5-14　　时间序列参数估计结果

<table>
<tr><th>国家</th><th>变量</th><th>系数</th><th>p 值</th><th>R^2</th><th>调整的 R^2</th><th>p（F）</th><th>DW</th></tr>
<tr><td rowspan="7">美国</td><td>II</td><td>5.15</td><td>0.0006 ***</td><td>0.995024</td><td>0.993366</td><td>0.000000</td><td>1.66784</td></tr>
<tr><td>RDP</td><td>4.54</td><td>0.4084</td><td colspan="4" rowspan="6">R^2 =0.995024，调整的 R^2 =0.993366，表明模型拟合优度很高；II、FDI、Log（K/L）和 C 的 p 值小于 0.05，表明这几个参数估计值在 5% 显著水平上显著；p（F）=0 可知模型通过了线性的 F 显著性检验，模型的整体显著性很高；DW =1.667848，处于不能确定序列相关性的区间。</td></tr>
<tr><td>FDI</td><td>-1.33</td><td>0.0240 **</td></tr>
<tr><td>TRO</td><td>2.57</td><td>0.2077</td></tr>
<tr><td>Log（K/L）</td><td>0.34</td><td>0.0000 ***</td></tr>
<tr><td>常数项</td><td>7.32</td><td>0.0000 ***</td></tr>
<tr><td>AR（1）</td><td>0.0025</td><td>0.9946</td></tr>
<tr><td rowspan="7">日本</td><td>II</td><td>2.40</td><td>0.0000 ***</td><td>R^2</td><td>调整的 R^2</td><td>p（F）</td><td>DW</td></tr>
<tr><td>RDP</td><td>-5.86</td><td>0.1686</td><td>0.986198</td><td>0.979828</td><td>0.000000</td><td>1.93119</td></tr>
<tr><td>FDI</td><td>1.68</td><td>0.7148</td><td colspan="4" rowspan="5">R^2 =0.986198，调整的 R^2 =0.979828，表明模型拟合优度很高；II、TRO、Log（K/L）和 C 的 p 值小于 0.05，表明这几个参数估计值在 5% 显著水平上显著；p（F）=0 可知模型通过了线性的 F 显著性检验，模型的整体显著性很高；DW =1.93119，接近于 2，不存在一阶序列相关。</td></tr>
<tr><td>TRO</td><td>1.08</td><td>0.0159 **</td></tr>
<tr><td>Log（K/L）</td><td>0.26</td><td>0.0042 ***</td></tr>
<tr><td>常数项</td><td>8.13</td><td>0.0000 ***</td></tr>
<tr><td>AR（1）</td><td>0.0025</td><td>0.9937</td></tr>
<tr><td rowspan="7">韩国</td><td>II</td><td>4.25</td><td>0.0229 **</td><td>R^2</td><td>调整的 R^2</td><td>p（F）</td><td>DW</td></tr>
<tr><td>RDP</td><td>-0.0001</td><td>0.0264 **</td><td>0.979449</td><td>0.973027</td><td>0.000000</td><td>1.40666</td></tr>
<tr><td>FDI</td><td>8.73</td><td>0.0568 *</td><td colspan="4" rowspan="5">R^2 =0.979449，调整的 R^2 =0.973027，表明模型拟合优度很高；各变量系数的 p 值小于 0.05，表明这几个参数估计值在 5% 显著水平上显著；p（F）=0 可知模型通过了线性的 F 显著性检验，模型的整体显著性很高；DW =1.40666，处于不能确定序列相关性的区间。</td></tr>
<tr><td>TRO</td><td>3.44</td><td>0.0177 **</td></tr>
<tr><td>Log（K/L）</td><td>1.88</td><td>0.0000 ***</td></tr>
<tr><td>常数项</td><td>-7.37</td><td>0.0025 ***</td></tr>
<tr><td>AR（1）</td><td>0.0025</td><td>0.9929</td></tr>
<tr><td rowspan="7">波兰</td><td>II</td><td>-6.16</td><td>0.0058 ***</td><td>R^2</td><td>调整的 R^2</td><td>p（F）</td><td>DW</td></tr>
<tr><td>RDP</td><td>7.99</td><td>0.6272</td><td>0.989389</td><td>0.985851</td><td>0.000000</td><td>1.7882</td></tr>
<tr><td>FDIP</td><td>-2.52</td><td>0.4166</td><td colspan="4" rowspan="5">R^2 = 0.989389，调整的 R^2 = 0.985851，表明模型拟合优度很高；II、TRO、Log（K/L）和 C 的 p 值小于 0.05，表明这几个参数估计值在 5% 显著水平上显著；p（F）=0 可知模型通过了线性的 F 显著性检验，模型的整体显著性很高；DW =1.7882，处于不能确定序列相关性的区间。</td></tr>
<tr><td>TRO</td><td>3.88</td><td>0.0001 ***</td></tr>
<tr><td>Log（K/L）</td><td>0.29</td><td>0.0552 *</td></tr>
<tr><td>常数项</td><td>6.71</td><td>0.0001 ***</td></tr>
<tr><td>AR（1）</td><td>0.0025</td><td>0.9947</td></tr>
</table>

续表

国家	变量	系数	p值	R^2	调整的R^2	p（F）	DW
匈牙利	II	4.64	0.5033	0.989074	0.985433	0.000000	1.0936
	RDP	-5.47	0.5760	R^2=0.989074，调整的R^2=0.985433，表明模型拟合优度很高；除Log（K/L）和C以外的变量系数p值较高，其余未通过显著性检验；p（F）=0可知模型通过了线性的F显著性检验，模型的整体显著性很高；DW=1.0936，处于不能确定序列相关性的区间。			
	FDI	-2.89	0.6833				
	TRO	1.63	0.2490				
	Log（K/L）	0.72	0.0000***				
	常数项	3.58	0.0013***				
	AR（1）	0.0025	0.9948				
捷克	II	2.12	0.0596**	R^2	调整的R^2	p（F）	DW
	RDP	1.91	0.6403	0.996118	0.994732	0.000000	1.3565
	FDI	1.77	0.5662	R^2=0.996118，调整的R^2=0.994732，表明模型拟合优度很高；II、TRO、Log（K/L）和C的变量系数p值小于0.05，表明这几个参数估计值在5%显著水平上显著；p（F）=0可知模型通过了线性的F显著性检验，模型的整体显著性很高；DW=1.3565，处于不能确定序列相关性的区间。			
	TRO	2.103	0.0489***				
	Log（K/L）	0.94	0.0000***				
	常数项	1.62	0.0005***				
	AR（1）	0.0025	0.9920				
中国	II	5.62	0.0024***	R^2	调整的R^2	p（F）	DW
	RDP	0.0002	0.0128**	0.999231	0.998975	0.000000	0.8026
	FDI	5.93	0.2575	R^2=0.999231，调整的R^2=0.998975，表明模型拟合优度很高；II、RDP、Log（K/L）和C的p值小于0.05，表明这几个参数估计值在5%显著水平上显著；p（F）=0可知模型通过了线性的F显著性检验，模型的整体显著性很高；DW=0.8026，处于不能确定序列相关性的区间。			
	TRO	-4.12	0.5574				
	Log（K/L）	0.73	0.0000***				
	常数项	2.66	0.0000***				
	AR（1）	0.0025	0.9938				

注：DW，即杜宾—瓦森检验统计量。

通过模型分析可以看出创新国际化发展对各国经济增长产生一定的影响，具体结论如下：

第一，发达国家的创新国际化系数高于转型国家。反映创新国际化的指标是研发投入、国际技术流入和流出及创新能力综合在一起的II，从回归结果看，美、日、韩的II系数分别为5.15、2.40和4.25，且均通过1%和5%显著性水平检验，与经济增长呈正相关；波兰和捷克的创新国际化指标系数通过显著性检验，但系数值分别为 -6.16 和 2.12，低于发达国家，波兰的 II 系数为负，说明波兰创新国际化发展对经济增长产生了消极影响；中国创新国际化指标通过显著性检验，系数值为 5.62，略高于美国，说明中国创新国际化程度对中国经济的影响比较明显，起到积极正向推动作用，整体看来经济发达的国家或经济增长速度较快的国家，其创新国际化发展对经济增长的推动作用更加显著。

第二，大多数国家研发人员投入指标未通过显著性检验，只有中国和韩国在5%显著水平上显著。中国 *RDP* 系数为正，但系数值较小，说明中国的研发人员投入数量对经济增长产生积极作用，但影响相对较小；韩国的研发投入人员 *RDP* 系数值较小且为负；在接下来神经网络模型分析中，某些国家的 *RDP* 重要性排序较高，也说明研发投入对经济增长的影响不仅依靠研发人员投入数量，还要保证投入质量，在今后的研究中有待进一步深入分析；可见，研发人员投入对经济增长的影响比较复杂，不仅注重投入数量，还要考虑研发人员的专业及水平，因此，有必要适度控制研发人员的投入数量，调整到适当比例，同时保证研发人员的整体素质。

第三，从外商直接投资净流入指标来看，只有美、韩两国 *FDI* 通过显著性检验，且系数值较低，其余国家均未通过显著性检验；从进出口贸易来看，只有日、韩、波三国 *TRO* 通过检验，且系数值相比 *II* 较低，其余国家并未通过检验，说明在 1996—2016 年这些国家的外商直接投资净流入和进出口贸易对经济增长的影响不如创新国际化指标对经济增长的影响程度高（韩国除外，*FDI* 系数为 8.73，高于其 II 系数 4.25）。

第四，从人均资本形成总额来看，七国的系数均在 1% 和 5% 显著水平上显著，且为正相关，log（K/L）系数最高的国家是韩国，其次为捷克和中国，说明固定资本投入的增加能够促进该国经济增长，并且韩国的影响程度高于中国，韩国物质资本的产出份额较中国高出约 1.15（1.88 -0.73）个百分点。

第五，关于通过检验的所选变量系数，除韩国 *FDI* 以外，其他国家的创新国际化指标 *II* 系数均高于 *RDP*、*FDI*、*TRO*、*lgo*（*Kt/Lt*）的系数，说明创新国际化对经济增长的贡献相对较高，提升创新国际化发展程度有助于推动经济增长。

第三节　全球金融危机的影响：进一步的分析

为了进一步分析时间序列随时间移动的变动规律，本书运用神经网络模型分析2008年前后七个国家创新国际化对经济的影响与变化。2008年正值国际金融危机，在此之后世界经济政治格局发生了变化，美国地位受到其他国家的威胁，在全球化进程中对新产品技术的流动及高技术产品的出口战略都加以调整，因此，本书选择2008年为节点，分析世界形势发生变化情况下，创新国际化对一国经济发展的影响程度。

时间序列回归模型可以研究数据序列的互相依赖关系，而神经网络模型可以更加精准地调整内部大量节点之间相互连接的关系，具有与人类相似的简单的决定能力和判断能力，这种方法比正式的逻辑学推理演算更具优势，也可以使预测误差最小化并给出预测精度。SPSS神经网络包括多层感知器（MLP）和径向基函数（RBF）两种方法，本书采用多层感知器神经网络模型，分别进行七国创新国际化对人均GDP的重要性分析，经过多次计算与整理，最佳隐含层激活函数模型是双曲正切函数，输出层的激活函数为恒等函数，模型整体相对错误率在5%以内，基本达到预期要求。

表5-15　创新国际化与经济增长神经网络模型中自变量对因变量影响的重要性结果

分类	1996—2007年					2008—2017年				
	II_1	RDP_1	FDI_1	TRO_1	K/L_1	II_2	RDP_2	FDI_2	TRO_2	K/L_2
美国	0.188	0.592	0.042	0.113	0.064	0.173	0.287	0.068	0.060	0.411
标准化	37.1%	100%	7.1%	19.2%	10.9%	42.0%	69.9%	16.6%	14.7%	100%
排序	2	1	5	3	4	3	2	4	5	1
日本	0.156	0.215	0.073	0.425	0.131	0.273	0.108	0.122	0.282	0.215
标准化	36.7%	50.5%	17.2%	100%	30.8%	96.7%	38.1%	43.3%	100%	76.1%
排序	3	2	5	1	4	2	5	4	1	3
韩国	0.23	0.373	0.071	0.109	0.216	0.155	0.507	0.129	0.030	0.179
标准化	61.5%	100%	19.1%	29.3%	57.9%	30.7%	100%	25.4%	6.0%	35.4%
排序	2	1	5	4	3	3	1	4	5	2
波兰	0.172	0.308	0.118	0.219	0.184	0.124	0.263	0.034	0.403	0.175

续表

分类	1996—2007 年					2008—2017 年				
	II_1	RDP_1	FDI_1	TRO_1	K/L_1	II_2	RDP_2	FDI_2	TRO_2	K/L_2
标准化	56%	100%	38.2%	71.1%	59.9%	30.8%	65.4%	8.5%	100%	43.5%
排序	4	1	5	2	3	4	2	5	1	3
匈牙利	0.177	0.387	0.184	0.197	0.055	0.319	0.389	0.107	0.072	0.113
标准化	45.9%	100%	47.5%	51.0%	14.2%	82.0%	100%	27.4%	18.4%	29.0%
排序	4	1	3	2	5	2	1	4	5	3
捷克	0.121	0.267	0.053	0.289	0.270	0.339	0.003	0.013	0.394	0.250
标准化	41.8%	92.2%	18.2%	100%	93.5%	86.1%	0.8%	3.4%	100%	63.3%
排序	4	3	5	1	2	2	5	4	1	3
中国	0.114	0.330	0.145	0.362	0.049	0.174	0.167	0.034	0.076	0.549
标准化	31.4%	91.2%	39.9%	100%	13.7%	31.7%	30.5%	6.2%	13.9%	100%
排序	4	2	3	1	5	2	3	5	4	1

表 5－15 通过建立创新国际化与经济增长神经网络模型，运用 SPSS 计算整理了 1996—2007 年和 2008—2017 年两个时间段下自变量（创新国际化、外商直接投资净流入、进出口贸易、研发人员投入、人均资本形成总额）对因变量（人均 GDP）影响的重要性，通过分析发现：

（1）纵向来看，美国和韩国的影响程度非常相似，在 1996—2007 年创新国际化指标 *II* 对人均 GDP 影响的重要性排序第二，而到了 2008 年以后，II 作为自变量的影响程度排序第三，有所下降，但两国标准化的影响略有不同，美国 *II* 标准化的重要性由 37.1% 上升到 42.0%，而韩国则由 61.5% 下降到 30.7%；日本创新国际化指标 *II* 对人均 GDP 影响的重要性由第三位上升到 2008 年以后的第二位，标准化的重要性显著上涨；波兰创新国际化指标 *II* 的重要性和标准化的重要性都呈下降趋势，但两个时期 *II* 对人均 GDP 影响重要程度的排序并未发生变化；匈牙利、捷克和中国创新国际化 *II* 指标对人均 GDP 影响的重要性呈上升态势，都由 1996—2007 年排序第四位上升到 2008 年以后的第二位，匈牙利和捷克的指标 *II* 对人均 GDP 影响的重要性和标准化的重要性程度增长明显，分别由 45.9% 上升到 82% 和 41.8% 上升到 86.1%，中国上涨幅度较小，仅由 31.4% 上升到 31.7%。

（2）横向来看，1996—2007 年，美、日、韩创新国际化指标 *II* 对人均

GDP 影响的重要性排序比较靠前；波、匈、捷、中创新国际化指标 *II* 对人均 GDP 影响的重要性排序比较靠后，均位列第四，说明这些国家在这一时期内创新国际化指标与其他影响经济发展的因素相比，对经济增长效应影响作用相对较小；到 2008 年以后发生微妙变化，匈牙利、捷克和中国创新国际化指标 *II* 的影响程度排序（第二位）要先于美国和韩国（第三位）。

可见，2008 年世界经济形势转变，发达国家创新国际化对经济增长影响的重要性有所减弱，而转型国家却有上升趋势，其创新国际化对该国经济增长发挥了越来越重要的作用；此外，2008 年以来，各国经济创新发展战略发生变化，转型国家的创新发展及其国际化战略对经济增长效应显著，发达国家创新技术的国际流动程度有所减弱，但发达国家创新发展水平仍保持世界领先。

第四节　小结

本章通过建立时间序列回归方程和神经网络模型分析创新国际化对经济增长的影响程度以及世界形势变化对技术创新国际流动产生的微妙变化。分析发现，大部分国家国际技术流动比较优势与研发强度和创新能力的相关性较强；美国创新国际化对产业结构优化具有较强的推动作用，日本和韩国创新国际化与经济发展水平的相关性较强，波、匈、捷创新国际化对经济发展水平的推动作用要强于产业结构的调整，而中国创新技术的国际流动与经济发展水平和产业结构均不显著，说明中国创新国际化对经济增长的推进还有很大的提升空间；在所选影响经济增长的诸多因素中，创新国际化指标的重要性系数较高，说明创新国际化对经济增长的影响程度较大，且发达国家创新国际化对经济增长影响的重要性显著高于转型国家，但在 2008 年之后，世界经济政治格局转变对创新技术的国际流动影响也发生变化，美国和韩国的重要性排序有下降趋势，而转型国家匈牙利和捷克的重要性排序则呈上升态势；中国创新国际化指标的重要性排序由第四位上升到第二位，说明在新形势下，虽然受到美国等方面多种压力的制约，中国更希望通过创新技术的国际合作推进国家创新型经济发展。

第六章　结论与政策建议

第一节　主要结论

本书首先对创新国际化指标进行界定，并在此基础上分析了发达国家、赶超国家和转型国家创新国际化发展的特征及模式演变，阐述了中国创新国际化发展在金融危机前后和中美经贸摩擦时期的政策演进、国际化现状及路径演变模式，通过与美、日、韩、波、匈、捷等国在创新政策、创新投入与产出及国际技术流动等方面的比较分析，运用主成分分析法，建立时间序列和神经网络模型，解释了“中国创新国际化发展模式是否应遵循发达国家或赶超国家的创新国际化模式”“世界经济政治形势发生转变下创新国际化发展对经济增长的影响程度如何”等问题，进而得出如下主要结论：

第一，创新国际化活动受经济发展阶段影响比较显著。美国作为发达国家与技术领先国，引领了世界先进技术的国际流动。通过分析美国、日本、韩国、波兰、匈牙利、捷克和中国创新国际化活动的发展变化发现，发达国家在海外研发投入、创新产出，以及国际技术流动和跨国合作等方面都体现出较强的创新国际化程度。例如，从技术差距理论看高技术产品的出口变化，在经济发展初期，美国的高技术商品出口高于其他国家，但随着国家间技术的不断流动，美国高技术出口占比呈现下降趋势；日本的高技术出口也出现下滑态势，韩国的高技术出口相对波动，中国高技术产品出口额远低于美、日、韩，但要高于转型国家波、匈、捷，且中国和波、匈、捷出口额基本呈上升趋势。根据技术差距理论可以看出，美国是新技术产品的创新国，其新技术产品在没有被模仿国成功生产和流通前，在国际贸易中占有较大的出口比重。在模仿国掌握了该项新产品技术后，会选择以较低的生产成本替代大部分创新国该产品的出口，使发达国家美国和成功实现技术赶超国家日、韩等国的出口有所下降。此外，从技术生命周期理论看，技术创新经历产生、成长、成熟和衰退 4 个阶段，正如美国 IT 行业产品从创新生产到出口竞争经历了新产品垄断、出口增长阶段、出口竞争阶段和出口衰退阶段，随着创新国技术转移，现有的技术不断被新技术替代，新技术又进入一个新的生命周期，发达国家新技术产品处于净出口阶段，发展中国家则处于净进口阶段，可见，创新产品在国家间的技术转移由于各国经济发展程度的差异而呈现出不同的特征。

第二，经济发展程度相似的国家有着类似的创新国际化演进模式。从美国、日本、韩国、波兰、匈牙利、捷克和中国创新国际化发展模式的演进历程可以看出，美国创新国际化程度处于世界领先水平，很早就进入内驱外拉模式，研发强度和技术流动双高；与之相类似的国家是日本，目前已由内外双驱模式转向内驱外拉模式；韩国紧随其后，处于内外双驱模式；从中国创新国际化模式发展历程看，中国目前与韩国类似，研发投入较高，但技术流动不具备比较优势，创新国际化模式由技术引进向自主研发再向技术“走出去”转变；而转型国家波兰和捷克，与中国创新国际化发展初期的模式类似，研发强度和技术流动双低，匈牙利受国情与政策影响，其创新国际化模式与其他国家不同，体现出较低的研发强度和较高的技术流动水平。可见，经济发展水平越高的国家，其研发投入和技术流动越高，并且转型国家和赶超国家有向发达国家创新国际化模式演进的趋势；中国兼具赶超国家和转型国家创新国际化发展的特征，在向发达国家实现赶超的同时，也为转型国家创新国际化发展提供了经验借鉴。因此，中国正沿着“韩国—日本—美国”（“低低—高低—高高”）这一创新国际化模式的演进路径实现创新与发展，在一定程度上体现了中国创新国际化模式路径选择的合理性以及未来的发展趋势。

第三，创新国际化发展对发达国家的增长效应高于转型国家。通过实证回归分析结果可以看出，美国、日本、韩国和中国创新国际化指标系数高于转型国家波兰、匈牙利、捷克，发达国家创新国际化指标对经济增长体现出较强的推进作用。此外，中国创新国际化系数高于美国创新国际化系数，同时也高于中国外商直接投资净流入和进出口贸易的系数，可见，中国创新国际化对经济发展将产生较强的增长效应，中国在促进经济增长进程中有必要进一步加大创新国际化发展的力度。

第四，世界形势变化使不同国家创新国际化对经济增长的影响发生战略性转变。受到2008年国际金融危机的影响，世界经济政治格局发生微妙变化，美国、日本和欧洲国家地位衰退，中国、新兴经济体和转型国家的地位越来越重要，世界经济整体倾向于选择东亚地区投融资，各国对中国经济的依赖度逐步增强，中国在国际经济合作中的地位和作用不可估量。在当前形势下，美国感受到来自中国和其他后发国家经济发展的威胁，因此，美国不再像从前一样支持创新国际化发展，对创新技术的流动和高技术产品的出口都有所减弱，这一点通过实证分析得以验证，而中国和转型国家正值经济发展的上升期间，创新发展的国际化趋势越加显著。因此，随着世界形势的不断变化，创新国际化发展对不同国家产生了不同的经济增长效应。

第二节　政策建议

大量研究表明，创新驱动对一国经济增长的促进作用越来越明显，也可以使一国以较低的成本获取比较优势，并依靠大量的物质资本投入促进经济增长。然而，2008年国际金融危机爆发，自此世界经济格局发生重大变化，同时出现全球化向逆全球化转变的趋势，创新国际化内涵、方式等也随之改变。原来全球化时代技术引进带给中国巨大改变，中国在全球化进程中获利，如今逆全球化趋势显现，中国及后发国家如何再获利成为研究的核心。本书在既有文献分析创新对经济增长影响的基础上加入了技术贸易流动指标，考察创新国际化对经济增长的贡献，为进一步研究经济增长提供了新的视角。通过前几章对不同时期、与不同国家中国创新国际化模式的比较分析，发现中国与韩国的创新国际化模式呈现出较为相似的发展路径，中国要实现科技创新带动经济增长，可借鉴发达国家创新发展的经验，加快实现由技术引进方式转向自主研发再到技术“走出去”，由政府主导核心领域技术创新向市场化、企业化转变，加大与“一带一路”沿线国家和地区技术创新合作等。具体提出如下几点建议：

第一，加强科技研发投入经费，获取强有力的技术支撑。在经济发展阶段和创新国际化发展环境等方面的国际比较基础上，结合中国目前的创新国际化发展战略，得出“低低—高低—高高”的国际化路径是比较适于中国国情的这一结论。中国要想进一步提升创新国际化程度，首先要从提高研发投入开始，实现由“低低”向“高低”模式的转变；其次通过加强国际技术流动并提升创新协同能力，实现由“高低”向“高高”模式的转变。根据《国家中长期科学和技术发展规划纲要（2006—2020 年)》可知，中国构建以政府为主导的国家创新体系，政府的创新政策以技术创新供给端为主，中国主导的创新模式是研发供给推动型而不是市场需求拉动型。未来，中国应加强构建以企业为主体、市场为导向，产、学、研相结合的自主创新体系。因此，政府有必要加大力度支持企业的自主创新，给予税收优惠和融资政策，使企业创新充满动力与活力，通过制定和实施与创新产业相关的政策，对企业的创新模式、创新实践和创新绩效产生深远影响，推动后发企业实现技术创新方面的赶超。有投入才能保证产出，研发投入应继续保持超过 2% 的水平，不断加强研发投入力度，同时提高科技研发投入的比重，适当调整研发投入人员的数量，建立完善的创新管理制度。通过上文回归模型分析可以看出，研发投入占创新国际化较大比重，对经济增长的影响相对明显，中国可以继续加大研发投入，使 RD 水平保持在 2% 以上，提高科技研发投入的比重，制定实施可行的科技创新政策，以科技进步带动经济增长。

第二，强化技术创新的专利保护，注重创新国际化发展尤其是国际技术流动。随着全球经济贸易往来的不断加强，跨国公司为东道国带来了新技术，中国应加大技术转让的法律保护，降低交易成本，推动新技术的发明创造，形成知识产权与专利保护，打造良好的国家竞争环境。同时，加强国际技术贸易的流入与流出，促进国际研发和技术合作，对分布在不同国家和区域的研发人员、研发费用、研发设备和研发信息等进行重组，通过加强对技术创新的专利保护，吸引国际高技术人才和高新技术的流入。创新国际化趋势体现为国际技术贸易的流动与合作越发频繁，中国可以借鉴发达国家经验，吸引新的专利技术流入，并加强技术的流出，实现国家间专利技术、知识产权的共享，丰富创新源泉，发挥先进技术部门和区域创新的集群效应，推动世界经济平衡发展。中国应在创新国际化发展趋势下，抓住机遇，实现经济的又一次飞跃。在模型分析中，创新国际化通过显著性检验，且对经济增长的贡献较高，技术在国家间的流动能够加强国家间的贸易往来，在一定程度上有利于经济增长，中国可以通过创造良好的贸易环境，带动技术贸易往来，使中国发展进入创新驱动模式，从引进到创新，走向创新国际化发展趋势，进而使国际技术流动对经济增长产生积极作用。

第三，提高创新成果的实际应用水平，促使创新国际化与经济增长协调发展。实践表明中国大量高技术产品出口来自外资企业，技术引进不一定能获得核心技术从而提高创新能力，以市场换技术的国际化模式需要东道国具备一定的吸收能力。如果一个企业或一个国家对新技术和新知识的吸收能力较弱，就很难充分利用开放创新的机会，以提升自身的内部研发和长期的创新能力。研发经费投入不断提高，并不必然导致知识积累、技术进步和创新驱动，只有让资源高效优化配置，才能使持续提高的研发经费投入发挥作用。创新国际化发展的关键是要将研发投入转化为知识吸收与技术创新能力的提升，只有这样，才能促进国际技术引进的消化吸收，实现本国企业产品的创新与出口，进而提高创新成果的应用，并加强国际技术流动。在市场经济飞速发展的今天，创新也需要市场化，政府有必要放开政策，鼓励私人部门、企业自主研发与创新，不断加大创新人才的培养力度，营造良好的创新环境，提升创新成果的实际应用水平。通过创新国际化对经济增长贡献分析，发现创新能力对经济增长影响较为明显，而研发人员投入呈负相关关系，或对经济增长的影响非常小，可以考虑适当调整研发人员的投入数量，降低人员投入成本，同时，保证高水平研发人员的工资待遇，提高创新效率，将创新成果不断应用于实践，提升知识创新的吸收与转化能力，发挥创新在促进经济增长中的主导作用。通过产业结构的调整，将技术创新融入服务业与工业发展中，使创新国际化对经济发展起到更大的推动作用。

第四，对于转型国家而言，目前波、匈、捷三国的创新体系主要依靠国内的研发投入，在一定程度上开始有国际技术流动，但研发投入不足，成果转换能力较弱，当前国际化的首要任务不是增加技术引进或者促进技术出口，而是通过不断加大本国的研发投入，提高企业的研发效率，以及加强国家创新政策支持，获得国内市场的主动权；具备一定的研发基础和学习吸收能力后，再考虑加大国际技术流动，消化和吸收国际先进技术，进而提高创新能力，促进本国高技术产品出口，获得国际技术比较优势，实现技术流动和创新能力共同提升。波兰可以通过加大投入力度，进一步促进创新产出的增长，实现经济增长与创新能力的互动发展；匈牙利在转变创新体系模式后应重研发基础和学习吸收能力的提高，充分利用引进的国际先进技术，提升创新自生能力；捷克可以模仿中国的创新国际化模式路径，从“低低”转向“高低”，继而转向“高高”，主要通过加大研发投入，提高企业研发效率，带动创新能力提升，并促进经济增长，经济增长又提高技术创新，拉动高技术产品出口，形成良性互动循环。中国的创新国际化模式正从外部技术驱动转向内外双驱模式，保持研发投入的不断提升仍是关键所在。目前，中国研发投入稳步增长，虽高于东欧新兴市场国家波、匈、捷水平，但与发达国家相比还有一定的差距，高技术企业在全部企业研发活动中的地位并不突出，高技术商品出口比重与匈牙利水平接近，略高于波兰和捷克；高技术产业比重偏低，2014 年开始研发投入强度突破 2%。中国面临的主要问题是如何保持较强的研发投入，并保证管理经费的高效使用。一方面，国家创新能力成长是长期累积的过程，持续保证研发投入在一定的水平上才能不断地推动技术知识进步，发挥创新驱动作用，中国需要从战略高度认识到研发投入维持 2% 的重要性，并且有必要形成法律法规进行约束，强制实施，均衡投入公共部门和私人部门，提高应用研究强度，加强研发投入经费使用管理。另一方面，随着经济全球化发展，转型国家国际技术流动可以发挥更加重要的作用，充分利用国际技术流入，接受前沿知识和技术，缩小与发达国家的技术差距，带动新兴市场国家的技术创新与发展，并缩短追赶时间，而技术流出可以扩散新知识以获得经济利润，进而提高创新能力。同时，国际技术流动正在由发达国家间的流动转向转型发展中国家，转型国家可以充分抓住这一历史机遇，实现技术创新在国家间的流动，促进全球经济政治的平衡发展。

参考文献

[1] 白仲林. 面板数据计量分析 [M]. 天津：南开大学出版社，2008.

[2] 蔡文龙. 经济增长动力转型研究 [J]. 宏观经济研究，2015 (7)：3-10.

[3] 陈汉梅. 发展中国家国际技术转移的模式及问题 [J]. 当代经济，2011 (9)：11-13.

[4] 陈劲，黄淑芳. 企业技术创新体系演化研究 [J]. 管理工程学报，2014 (4)：219-228.

[5] 陈劲，赵闯. 中美创新集群发展模式比较与合作战略透析 [J]. 吉林大学社会科学学报，2014 (11)：55-62.

[6] 陈劲. 科学、技术与创新政策 [M]. 北京：科学出版社，2013.

[7] 陈伟光，蔡伟宏. 逆全球化现象的政治经济学分析——基于"双向运动"理论的视角 [J]. 国际观察，2017 (3)：1-19.

[8] 程惠芳，蒋泰维和胡慧芬等. 国家创新体系对企业国际竞争力影响的经验分析 [J]. 世界经济，2008 (1)：90-96.

[9] 崔新健，王生辉和柴庆春. 基于国家创新系统的外资研发中心研究框架 [J]. 中国科技论坛，2007 (2)：17-20.

[10] 戴葵. 神经网络设计 [M]. 北京：机械工业出版社，2007.

[11] 戴维. 罗默. 高级宏观经济学 [M]. 上海：上海财经大学出版社，2004.

[12] 杜红平，王元地和陈劲等. 跨国企业创新国际化的动机研究综述 [J]. 软科学，2015 (3)：130-134.

[13] 范红忠. 有效需求规模假说、研发投入与国家自主创新能力 [J]. 经济研究，2007 (3)：33-44.

[14] 冯鹏程. 跨国公司研发国际化、贸易结构与自主创新关系 [J]. 亚

太经济，2009（2）：48－53.

［15］傅晓岚．中国创新之路［M］．李纪珍，译．北京：清华大学出版社，2017.

［16］何爽．国家创新系统国际化研究［D］．上海：上海交通大学，2011.

［17］胡树华，王利军，牟仁艳．分类专利对 GDP 贡献的回归分析［J］．软科学，2011（9）：7－9.

［18］胡永刚．浅谈国际技术转移中的市场问题［J］．财经研究，1989（1）：44－46.

［19］黄海霞，陈劲．主要发达国家创新战略最新动态研究［J］．科技进步与对策，2015（4）：102－105.

［20］姜照华．知识进展、制度创新与经济增长理论［J］．科学学与科学技术管理，2003（11）：46－48.

［21］蒋雪根，任荣明，杨宝良．国际技术转移的特征及其度量［J］．生产力研究，2008（1）：69－74.

［22］靳巧花，严太华．国际技术溢出与区域创新能力——基于知识产权保护视角的实证分析［J］．国际贸易问题，2017（3）：14－25.

［23］MBA 智库百科．经济增长理论［EB/OL］．［2021－10－08］https：//wiki. mbalib. com/wiki/经济增长理论．

［24］黎文靖，郑曼妮．实质性创新还是策略性创新？——宏观产业政策对微观企业创新的影响［J］．经济研究，2016（4）：60－73.

［25］李琮．关于新兴市场国家发展的若干问题［J］．世界经济与政治论坛，2007（4）：1－7.

［26］李飞，邵怀中，邹晓东，等．适用于发展中国家的创新范式：开放式颠覆创新理论框架［J］．科技进步与对策，2016（2）：1－6.

［27］李根．经济赶超的熊彼特分析——知识、路径创新和中等收入陷阱［M］．于飞，陈劲，译．北京：清华大学出版社，2016.

［28］李军军，周利梅．国家创新竞争力和经济增长——基于 G20 国家面板数据模型实证分析［J］．福建师范大学学报（哲学社会科学版），2012（5）：10－16.

［29］李黎明，陈明媛．专利密集型产业、专利制度与经济增长［J］．中国软科学，2017（4）：152－168.

［30］李小平，周记顺，王树柏．中国制造业出口复杂度的提升和制造业增长［J］．世界经济，2015（2）：31－57.

［31］李烨，张广海．国家创新体系“东转西进”布局的问题与优化研究［J］．科学管理研究，2017（3）：26－29.

［32］栗献忠．新兴国家创新驱动模式与比较研究［J］．科学管理研究，2014（10）：117－120.

［33］林毅夫，孙希芳，姜烨．经济发展中的最优金融结构理论初探［J］．经济研究，2009（8）：4－16.

［34］林跃勤．新兴经济体经济增长方式评价——基于金砖国家的分析［J］．经济社会体制比较，2011（5）：126－133.

［35］刘道兴．教育投入［M］．北京：社会科学文献出版社，2011.

［36］刘凤朝，马逸群．华为、三星研发国际化模式演化比较研究——基于 USPTO 专利数据的分析［J］．科研管理，2015（10）：11－18.

［37］刘金全，张鹤．经济增长风险的冲击传导和经济周期波动的“溢出效应”［J］．经济研究，2003（10）：32－39.

［38］刘威，丁一兵．出口复杂度对工业行业生产率的影响——基于中国出口贸易数据的分析［J］．经济问题，2018（6）：110－116.

［39］刘艳．制度质量与高技术制成品出口复杂度［J］．当代财经，2014（2）：96－105.

［40］《技术创新方法国际比较与案例研究》编写组．技术创新方法国际比较与案例研究［M］．北京：科学出版社，2011.

［41］刘耀彬，杨靖旭，蔡梦云．人力资本视角下 R&D 投入对经济增长的门槛效应［J］．河北经贸大学学报，2017（7）：33－40.

［42］刘云，谭龙，李正风，等．国家创新体系国际化的理论模型及测度实证研究［J］．科学学研究，2015（9）：1324－1399.

［43］刘云，叶选挺，杨芳娟，等．中国国家创新体系国际化政策概念、分类及演进特征——基于政策文本的量化分析［J］．管理世界，2014（12）：62－69.

［44］吕瑶，刘洪钟．波匈捷国家创新体系国际化模式及与中国的比较［J］．工业技术经济，2018（9）：30－38.

［45］吕瑶，刘洪钟．中韩创新国际化发展比较及对中国的启示［J］．技术经济与管理研究，2018（12）：38－43.

［46］马风涛，李俊．基于6位数产品的中国出口贸易绩效研究［J］．首都经贸大学学报，2013（5）：62－68.

［47］马鹏，肖宇．服务贸易出口技术复杂度与产业转型升级——基于国家面板数据的比较分析［J］．财贸研究，2014（5）：105－114.

［48］毛其淋，许家云．中国企业对外直接投资是否促进了企业创新［J］．世界经济，2014（8）：98－125.

［49］梅亮，陈劲，吴欣桐．责任式创新范式下的新兴技术创新治理解析——以人工智能为例［J］．技术经济，2018（1）：1－7.

［50］那军，孙瑶．跨国公司技术创新全球化——基于专利国际化视角［J］．国际商务——对外经济贸易大学学报，2011（5）：109－116.

［51］潘鑫，王元地，金珺，等．区域创新体系模式及演化分析——基于开发—探索模式的视角［J］．研究与发展管理，2015（2）：62－68.

［52］彭纪生，仲为国，孙文祥．政策测量、政策协同演变与经济绩效：基于创新政策的实证研究［J］．管理世界，2008（9）：25－36.

［53］任志成．新兴国家智力回流与战略性新兴产业成长［J］．宏观经济管理，2012（11）：85－86.

［54］桑百川，杨立卓，邵莹雪．新兴市场国家服务贸易竞争力的国际比较［J］．亚太经济，2014（3）：82－86.

［55］盛四辈，宋伟．我国国家创新体系构建及演进研究［J］．科学学与科学技术管理，2011（1）：73－77.

［56］柯拉尔，弗朗汉姆，佩里，等．有组织的创新——美国繁荣复兴之蓝图［M］．陈劲，尹西明，译．北京：清华大学出版社，2017.

［57］隋映辉．知识经济与中国经济增长方式［J］．经济学家，1998（5）：7.

［58］孙海泳．特朗普政府对华科技战略及其影响与应对［J］．国际展望，2019（3）：78－97.

[59] 孙玉涛，苏敬勤. G7 国家创新体系国际化模式演化及对中国启示 [J]. 科学学研究，2012 (4)：591 – 599.

[60] 孙玉涛，张帅，尹彤. 本土研发努力和国际技术流动模式演化及效应 [J]. 科学研究，2015 (8)：1151 – 1160.

[61] 索洛，等. 经济增长因素分析：技术进步与总生产函数 [M]. 史清琪，等，选译. 北京：商务印书馆. 1991.

[62] 唐未兵，傅元海，王展祥. 技术创新、技术引进与经济增长方式转变 [J]. 经济研究，2014 (7)：31 – 43.

[63] 唐晓云，赵桂芹. 技术创新真正国际化了么？——基于专利国际化指标的检验 [J]. 上海经济研究，2014 (2)：61 – 70.

[64] 田娜. 基于全要素生产率的中韩经济增长因素分析 [J]. 世界经济研究，2012 (4)：81 – 89.

[65] 童书兴. 国际技术流动不平衡发展趋势及影响 [J]. 世界经济，1992 (7)：44 – 49.

[66] 王兵，颜鹏飞. 技术效率、技术进步与东亚经济增长——基于 APEC 视角的实证分析 [J]. 经济研究，2007 (5)：97 – 103.

[67] 王春法. 论综合国力竞争与国家创新体系 [J]. 世界经济，1999 (4)：59 – 64.

[68] 戴维 · N. 维尔. 经济增长 [M]. 王劲峰，等，译，北京：中国人民大学出版社，2011.

[69] 王玉清，国际技术贸易 [M]. 北京：对外经济贸易大学出版社，2002.

[70] 王元地，杜红平. 创新国际化测量研究综述 [J]. 科技进步与对策，2015 (7)：150 – 155.

[71] 王元地，柳美君，马倩雯，等. 我国高校战略性新兴产业专利许可研究 [J]. 研究与发展管理，2015 (8)：130 – 138.

[72] 王治超. 经济增长与结构转换——评钱纳里新著《工业化和经济增长的比较研究》[J]. 经济科学，1990 (2)：65 – 69.

[73] 乌利齐 · 施莫河，克里斯蒂尔 · 拉默，哈拉尔德 · 雷格勒尔. 国家创新体系比较——德国国家创新体系的结构与绩效 [M]. 王海燕，译. 北京：

知识产权出版社，2011：188.

［74］施莫河，拉默，雷格勒尔．国家创新体系比较——德国国家创新体系的结构与绩效［M］．北京：知识产权出版社，2011.

［75］吴航，陈劲．新兴经济国家企业国际化模式影响创新绩效机制——动态能力理论视角［J］．科学学研究，2014（8）：1262－1270.

［76］熊彼特．熊彼特：经济发展理论［M］．邹建平，译．北京：商务印书馆．1990.

［77］许庆瑞，谢章澍．企业创新协同及其演化模型研究［J］．科学学研究，2004（3）：327－332.

［78］阳银娟，陈劲．开放式创新中市场导向对创新绩效的影响研究［J］．科研管理，2015（3）：103－110.

［79］叶选挺，张剑，刘云，等．产业创新国际化知识流动测度研究——基于专利跨国引用网络的视角［J］．科学学与科学技术管理，2014（9）：14－23.

［80］殷晓红．国家创新系统与东亚经济增长［J］．亚太经济，2004（2）：14－16.

［81］余永定．西方现代经济增长理论［J］．世界经济，1983（11）：15－21.

［82］余泳泽．创新要素集聚、政府支持与科技创新效率——基于省域数据的空间面板计量分析［J］．经济评论，2011（2）：93－101.

［83］曾德明，彭盾．基于耗散结构理论的国家创新系统国际化研究［J］．科学管理研究，2009（3）：12－15.

［84］张钢．企业技术创新的动力源与信息源［J］．科研管理，1998（4）：27－31.

［85］张鑫，田杰棠．特朗普科技创新政策走向、影响与对策［J］．发展研究，2018（6）：12－17.

［86］张英．专利与经济增长：基于中国省际面板的实证研究［D］．济南：山东大学，2013.

［87］赵春明，张晓甦．国际技术贸易［M］．北京：机械工业出版社，2007.

[88] 赵亮，陈淑梅．经济增长的“自贸区驱动”——基于中韩自贸区、中日韩自贸区与 RCEP 的比较研究 [J]．经济评论，2015 (1): 92 - 102.

[89] BASKARAN A, MUCHIE M. Foreign Direct Investment and Internationalization of R&D: the Case of BRICS Economies [R]. DIIPER & Department of History, International and Social Studies, DIIPER Research Series, Working Paper No. 7, 2008.

[90] MININA A D, GAMMELTOFT P. Chinese Foreign Direct Investment in R&D in Europe: A New Model of R&D Internationalization? [J]. European Management Journal, 2012, 30 (3): 189 - 203.

[91] AIVAZIAN S, AFANASIEV M, KUDROV A, et al. To the Question about Parameterization of National Innovation System [J]. Applied Econometrics, 2017, 45: 29 - 49.

[92] ALVAREZ R, ROBERTSON R. Exposure to Foreign Markets and Firm - level Innovation: Evidence from Chile and Mexico [J]. Journal of International Trade and Economic Development, 2004, 13 (1): 57 - 87.

[93] HOWELL A. Innovation and Firm Performance in the People's Republic of China: A Structural Approach with Spillovers [R]. Asian Development Bank Institute, No. 805, 2018 (2).

[94] ASHEIM T. Interactive, Innovation Systems and SME Policy [C]. Sweden, Gothenburg: EGU Commission on the Organization of Industrial Space residential conference, 1998.

[95] GODIN B. National Innovation System: The System Approach in Historical Perspective [J]. Science Technology & Human Values, 2009, 34 (4): 476 - 501.

[96] JOHNSON B. Cities, Systems of Innovation and Economic Development [J]. Innovation, 2008, 10 (2 - 3): 146 - 155.

[97] SABOORI B, RASOULINEZHAD E, SUNG J. The Nexus of Oil Consumption, CO_2 Emissions and Economic Growth in China, Japan and South Korea, [J]. Environmental Science & Pollution Research International, 2017, 24 (8): 1 - 20.

[98] VERSPAGEN B. Estimating International Technology Spillovers Using Technology Flow Matrices [J]. Weltwirtschaftliches Archiv, 1997, 133 (2): 226-248.

[99] BALASSA B. Trade Liberalization and Revealed Comparative Advantage [J]. The Manchester School, 1965, 33 (2): 99-123.

[100] LENGYEL B, LEYDESDORFF L. Regional Innovation Systems in Hungary: The failing Synergy at the National Level [J]. Regional Studies, 2011, 45 (5): 677-693.

[101] BASILE R. Export Behavior of Italian Manufacturing Firms over the Nineties: The Role of Innovation [J]. Research Policy, 2001, 30 (8): 1185-1201.

[102] BECKER S, EGGER P. Endogenous Product versus Process Innovation and a Firm's Propensity to Export [J]. Empirical Economics, 2013, 44 (1): 329-354.

[103] TAREK B H. Horizontal versus Vertical R&D Spillovers and trade flows in Differentiated Products in the Case of Tunisia [J]. Journal of Global Economics, 2015, 3 (2): 141.

[104] CARLSSON B. Internationalization of Innovation System: A Survey of the Literature [J]. Research Policy, 2006, 35 (1): 56-67.

[105] FREEMAN C. Technology and Economic Performance: Lessons from Japan [M]. London: Pinter Publishers, 1987.

[106] DALIBOR C. Do Stronger Intellectual Property Rights Increase Innovation? [J]. World Development, 2015 (66): 665-677.

[107] CASSIMAN B, MARTINEZ-ROS E. Product Innovation and Exports: Evidence from Spanish Manufacturing [R]. IESE Working Paper, 2007.

[108] RODRIK D. What's So Special about China's Exports? [J]. China & World Economy, 2006, 1 (14): 5.

[109] YIM D S, WANG D K. The Evolutionary Responses of Korean Government Research Institutes in a Changing National Innovation System [J]. Science Technology & Society, 2005, 10 (1): 31-55.

[110] SAMARA E, GEORGIADIS P, BAKOUROS I. The Impact of Innovation Policies on the Performance of National Innovation Systems: A System Dynamics Analysis [J]. Technovation, 2012, 32 (11): 624 -638.

[111] ROGERS E M. Diffusion of Innovations [M]. New York: The Free Press, 1983.

[112] FEENSTRA R C, WINSTEIN D E. Globalization, Markups, and the U. S. Price Level [R]. NBER Working Papers, 2010 (15749).

[113] FAN P Catching up in Economic Transition: Innovation in the People's Republic of China and India [Z]. Asian Development Bank Institute, 2018 (2): 2 -3.

[114] MALERBA F, MANCUSI M L, MONTOBBIO F. Innovation, International R&D Spillovers and the Sectoral Heterogeneity of Knowledge Flows [J]. Review of World Economics, 2013, 12 (149): 679 -722.

[115] SILVERBERG G, VERSPAGEN B. Learning, Innovation and Economic Growth: A long - run Model of Industrial Dynamics [J]. Industrial & Corporate Change, 1994, 3 (1): 199 -223.

[116] HAUSMAN R, HWANG J, RODRIK D. What you export matters [J]. Journal of Economic Growth, 2007, 12 (1): 1 -25.

[117] HITT M A, HOSKISSON R E, KIM H. International Diversification: Effects of Innovation and Firm Performance in Product Diversified Frms [J]. Academy of Management Journal, 1997, 40 (4): 767 -798.

[118] FAGERBERG J. Innovation Policy: Rationales, Lessons and Challenges [J]. Journal of Economic Surveys, 2017, 31 (2): 497 -512.

[119] FAGERBERG J, SRHOLEC M, VERSPAGEN B. Innovation and Economic Development [J]. Books, 2009, 15 (2): 3 -35.

[120] PONCET J. Export Sophistication and Economic Growth: Evidence from China [J]. Journal of Development Economics, 2012, 97 (2): 281 -292.

[121] COURVISANOS J. The Political Economy of R&D in a Global Financial Context [M] // MACMILLAN P. Powerful Finance and Innovation Trends in a High - Risk Economy. London: Palgrave Macmillan, 2008.

[122] KALIRAJAN K, MIANKHEL A K, THANGAVELU S M. Foreign Direct Investment, Exports, and Economic Growth in Selected Emerging Countries: Multivariate VAR analysis [Z]. Social Science Electronic Publishing, 2009.

[123] YUKO K. R&D and Technology Spillovers through FDI: Innovation and Absorptive Capacity [R]. William Davidson Institute Working Paper, 2000 (349): 116-134.

[124] DOOWON L. Economic Developments of Korea and China Focusing on Role of FDI [J]. Journal of Economic Research, 2003 (8): 71-102.

[125] GOZALI1 L, MASROM M, HARON H N. Research Gap of Entrepreneurship, Innovation, Economic Development, Business Incubators Studies in Indonesia [J]. International Journal of Economics and Financial Issues, 2017, 7 (2): 243-248.

[126] BADRAN M. The Impact of Broadband Infrastructure on Economic Growth in Egypt and Some Arab and Emerging Countries [R]. University, Faculty of Economics and Political Science, Working Papers? 591, Economic Research Forum, 2011: 1-26.

[127] GEORGE M. The Emerging Market Countries [J]. Vital Speeches of the Day, 1995, 61 (13): 392.

[128] AOKI M. Historical Sources of Institutional Trajectories in Cconomic Development: China, Japan, and Korea Compared [J]. Socio-Economic Review, 2013 (4): 233-263.

[129] MIHAI E. Education and Innovation in the Context of Economies Globalization [J]. Procedia Economics and Finance, 2014 (15): 1042-1046.

[130] FUKUGAWA N. Knowledge Spillover from University Research Before the National Innovation System Reform in Japan: Localization, Mechanisms, and Intermediaries [J]. Asian Journal of Technology Innovation, 2016 (1): 1-23.

[131] NELSON R R. System of Innovation: A Comparative Analysis [M]. Oxford: Oxford University Press, 1993.

[132] OECD. OECD Science, Technology and Industry Scoreboard 2009 [R/OL]. [2021-08-27]. http://www.Oecdilibrary.org/content/book/sti_

scoreboard – 2009 – en.

[133] FAN P. Catching up in Economic Transition: Innovation in the People's Republic of China and India [Z]. Asian Development Bank Institute, 2018 (2): No. 809.

[134] HOGSELIUS P. The Dynamics of Innovation in Eastern Europe: Lessons from Estonia [J]. Books, 2005, 37 (3): 344 – 349.

[135] YUAN Q. Internationalization and Innovation: The Effects of a Strategy Mix on the Economic Performance of French SMEs [J]. International Business Research, 2012, 5 (5): 928 – 931.

[136] NARULA R, A Zanfei. Globalization of innovation: The role of multinational enterprises [R]. Druid Working Papers, DOI: 10.1007/978 – 94 – 015 – 8955 – 0_3, 2003.

[137] ATKINSON R D. Understanding the U. S. National Innovation System [J]. The Information Technology & Innovation Foundation, 2014 (6): 1 – 27.

[138] MINEIRO M C. Policy, Eccnomic and Techno Globalization [E/OL]. https://dci.org/10.1007/978 – 94 – 007 – 2567 – 6_3, 2012.

[139] CHUNG S. Building a National Innovation System Through Regional Innovation Systems [J]. Technovation, 2002, 22 (8): 485 – 491.

[140] FIFIELD S G M, LONIE A A, POWER D M, et al. Emerging Markets: A Disaggregated Perspective on the Gains from Investing Internationally [J]. Review of Pacific Basin Financial Markets & Policies, 1999, 2 (1): 99 – 124.

[141] AKCIGIT U, ATES S T, IMPULLITTI G. Innovation and Trade Policy in a Globalized World [R]. NBER Working Paper, 2018 (4): No. 24543.

[142] UGUR M, TRUSHIN E, SOLOMON E. Inverted – U relationship between R&D Intensity and Survival: Evidence on Scale and Complementarily Effects in UK data [J]. Research Policy, 2016, 45 (7): 1474 – 1492.

[143] DOS SANTOS U P. Regional Distribution of the National System of Innovation Actors and Economic Development: An International Comparison [R]. Textos para Discussão Cedeplar – UFMG, 2016.

[144] DOLLA V S. Technology Trade in India – China Relations: Divergent

Dynamics and Implications [J]. Journal of International Affairs, 2011, 64 (2): 125 - 141.

[145] ZHU L, JEON N B. International R&D Spillovers: Trade, FDI, and Information Technology as Spillover Channels [J]. Review of International Economics, 2007, 15 (5): 955 - 976.